Das Kochbuch
Hildesheimer Börde & Leinebergland

– Zwischen Nonnenhäubchen und Pastorenfleisch –

LandFrauenkreisverbände Hildesheim und Alfeld

ISBN 978-3-86037-591-4

1. Auflage

Lüchower Straße 13a, 29459 Clenze
Telefon (0 58 44) 971 16-0, Telefax (0 58 44) 971 16-39
mail@limosa.de, www.limosa.de

Redaktion:
LandFrauenkreisverbände Hildesheim und Alfeld

Lektorat:
Ulrike Kauber

Satz und Layout:
Zdenko Baticeli, Lena Hermann

Korrektorat:
Gerd Schneider

Unter Mitarbeit von:
Julia Weiß, Karin Monneweg

Gedruckt in der Europäischen Union

LandFrauenkreisverbände Hildesheim und Alfeld

Das Kochbuch

Hildesheimer Börde & Leinebergland

Zwischen Nonnenhäubchen und Pastorenfleisch

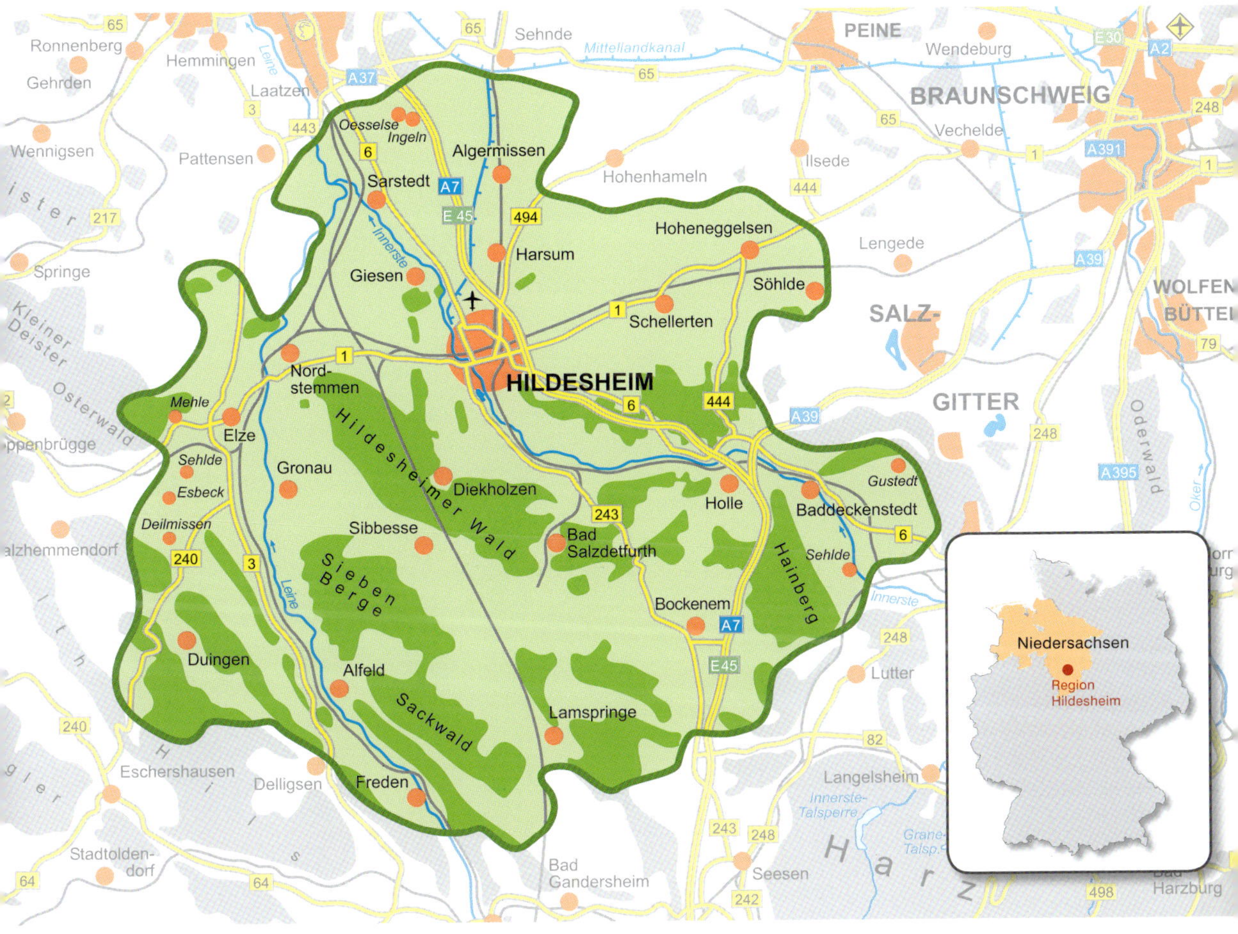

Geschichten und Erzählungen

Eine LandFrauenbiene in Vorbereitung

Inhaltsverzeichnis

Wenn nicht anders vermerkt,
sind alle Rezepte für vier Personen ausgelegt.

Die LandFrauen freuen sich, dass die Osterglocken blühen.

»Yes, we do« – packen wir's an

Von Hanni Heilmann

Land.Frauen.
Kreisverband der LFV im Landkreis Hildesheim

Barack Obama prägte den Ausspruch »Yes, we can«, doch wir meinen: »Yes, we do«. Packen wir's an, so dachten wir, die LandFrauen aus den Kreisverbänden Alfeld und Hildesheim, als wir dieses Regionalkochbuch auf den Weg bringen wollten. 1200 Jahre Stadtjubiläum in Hildesheim und der Tag der Niedersachsen 2015 sind Anlass für uns, dieses Kochbuch gemeinsamen zu gestalten. Es ist eine Möglichkeit unsere Region und ihre Besonderheiten (zum Teil liegen diese in verborgenen Ecken und Winkeln) sowie unsere LandFrauenarbeit vorzustellen.
Der ländliche Raum und seine Bewohner stehen im Mittelpunkt unserer Verbandsarbeit. Wir engagieren uns für gesellschaftspolitische Themen wie Klimaschutz und Nachhaltigkeit und vertreten in elf Vereinen mit über 2000 Mitgliedern nicht nur die berufsständische Vertretung der Bäuerinnen, sondern sind das Sprachrohr aller Frauen auf dem Lande.
Aktiv, kreativ und verantwortungsvoll gestalten wir unsere Umgebung und das Leben auf dem Land und schaffen so ein Stück Lebenskultur. Gesunde Ernährung und Nachhaltigkeit sind bei uns Schwerpunktthemen. Dieses Wissen auch an junge Menschen weiterzugeben ist uns ein wichtiges Anliegen. Auch wollen wir Transparenz schaffen für die regional erzeugten Nahrungsmittel und deren Herkunft. Viele Anregungen dazu haben wir in dieses Buch aufgenommen.
Unser Landkreis Hildesheim ist die Region vom Übergang der Norddeutschen Tiefebene, zwischen Hannover und dem Vorharz, vom Leinebergland bis Salzgitter.
Die größeren Flüsse wie Leine und Innerste prägen die Landschaft. Gute Anbindungen stehen Besuchern mit Bahn und Auto zur Verfügung. Die Städte Hildesheim und Alfeld mit ihren historischen Bauten und dem Weltkulturerbe (Dom und Michaeliskirche in Hildesheim sowie Fagus-Werk in Alfeld) sind immer einen Besuch wert.
Die regionale Küche, ihre saisonalen Gerichte und die vielen kleinen Köstlichkeiten zum Genießen möchten wir Ihnen vorstellen und Ihnen damit die Region näherbringen. Rad-, Kanu- und Wanderwege im Hildesheimer Land und dem Leinebergland sowie zahlreiche schöne und gut erhaltene Kulturstätten laden Sie ein, unsere Region zu besuchen. Wir LandFrauen würden uns freuen Sie kennenzulernen.

Bienen sind fleißige Sammlerinnen – hier auf einer Ringelblume.

Emsig wie die Bienen ...

Von Ortrud Michael

LandFrauen führen nicht umsonst das Logo der Biene. Das Heimatkochbuch der LandFrauen Alfeld-Hildesheim schweißt die beteiligten Kreisverbände zusammen. Wenn es darauf ankommt, etwas auf den Weg zu bringen, stehen LandFrauen fest zusammen. Emsig wie die Bienen haben sie Rezepte, Geschichten, Anekdoten und Bilder gesammelt und Wissenswertes von damals und heute aus unserer Region zu Papier gebracht.

Nur mit Unterstützung und Hilfe vieler LandFrauen, Autoren und Fotografen konnte dieses Projekt entstehen. Alle haben sich mit viel Zeit, Fantasie und fachlicher Kompetenz an der Entstehung des Buches mit Fotos, Rezepten und Texten beteiligt. Nur so war es möglich, dass dieses Buchprojekt in kurzer Zeit entstehen konnte. Ein herzliches Dankeschön unseren Sponsoren für ihre Unterstützung. Unser Dank gilt allen, die uns mit Ideen, Anregungen und konstruktiver Kritik unterstützt haben.

Mancher Weg war nötig, viele Stunden haben wir als Team zusammen verbracht, recherchiert, probiert und diskutiert. Wir, das Team, sind ein Stückchen näher zusammengerückt, haben noch so manches Wissenswerte entdeckt und mussten Neues meistern. Texte und Bilder wurden in die passende Form gebracht und für Sie aufbereitet.

Unseren Familien gebührt großer Dank für das Verständnis, das sie uns in dieser Zeit entgegengebracht haben. Sie begrüßen die Fertigstellung dieses Projekts besonders.

Entdecken Sie in unserem Buch neue Ziele, versuchen Sie das eine oder andere Gericht und schmecken Sie, wie vielfältig unsere regionale Küche sein kann.

Das Kochbuch-Team (v.l.): Hanni Heilmann, Gabi Girschik, Eleonore Grefe, Ortrud Michael und Sabine Engelke

Liebe Leserin, lieber Leser,

es ist eine sehr gute Idee, zum Stadtjubiläum und zum Tag des Niedersachsen 2015 ein regionales Kochbuch auf den Markt zu bringen. Die beiden LandFrauenkreisverbände Hildesheim und Alfeld sind in unserem Landkreis mit ihren elf Vereinen und den rund 2000 Mitgliedern für so ein Buchprojekt genau der richtige Ideenpool. Schließlich treten die LandFrauen bereits seit Jahren – und das nicht nur zum Erntedank oder zum Bauernmarkt – in Erscheinung.

Ich erinnere mich gern an viele gemeinsame und gelungene Aktionen, die in Stadt und Landkreis zur guten Tradition geworden sind. Ja, beide Kreisverbände sind längst auch zu einem Kulturträger unserer ländlich geprägten Region geworden. Die LandFrauen waren aber auch zur Stelle, wenn es darum ging, sich für die gesunde Ernährung in Schulen und Kindergärten einzusetzen. Kochen mit Kindern – und das unter der Zielsetzung einer gesunden Ernährung – ist in Zeiten von Fastfood und international agierender Systemgastronomie ein wichtiger Faktor der lokalen Küche

Dabei bietet unsere Region so unendlich viel. Wir müssen wieder gemeinsam ein Bewusstsein dafür entwickeln, die Produkte unserer direkten Umgebung zu würdigen und dabei gleichzeitig die Lebensqualität in unseren Dörfern für nachfolgende Generationen im Auge zu behalten.

Ein regionales Kochbuch kann dazu einen wertvollen Beitrag leisten, weil hier die Chance besteht, die lokalen Rezepte, ja vielleicht auch die Geheimnisse der regionalen Küche unserer Eltern und Großeltern, für die Nachwelt zu erhalten.

Schwerpunkt der Rezepte sind daher die verschiedensten Gerichte und Spezialitäten der Region. Mit dem Buch wird eine detaillierte Anleitung zum Nachkochen gegeben und die Lust geweckt sich aktiv mit der regionalen Küche auseinanderzusetzen.

Gut auch, dass in dem Buchprojekt des Verlages Edition Limosa neben den Rezepten Geschichten, Anekdoten und Berichte eine Rolle spielen. So wird ein Stück regionaler Kulturgeschichte festgehalten. Ganz zum Schluss ist das Buch natürlich auch ein tolles Geschenk, mit dem man die Spezialitäten der regionalen Küche, die Produkte aber auch Geschichten aus der Region Hildesheim in die weite Welt tragen kann.

Ich wünsche Ihnen gutes Gelingen beim Nachkochen und bei der Lektüre sowie neue Erkenntnisse über Menschen und Landschaft.

Reiner Wegner
Landrat

Sagenumwoben – der Tausendjährige Rosenstock

Von Hanni Heilmann

Bringt man Hildesheim in Verbindung mit Rosen, denkt man sofort an den Tausendjährigen Rosenstock im Kreuzgang des Mariendoms. Er soll – der Legende nach – seit über 1000 Jahren hier wachsen. Der Ursprung dafür soll sein, dass Kaiser Ludwig der Fromme dort sein verlorenes Reliquiar in einem Rosenstrauch wiederfand. Aus Dankbarkeit ließ er an der Stelle eine Kapelle bauen. Diese erste Kapelle gilt als Gründung des Hildesheimer Bistums und der späteren Stadt Hildesheim. Immer wieder erfreut diese Heckenrose Ende Mai mit ihren einfachen Blüten die Hildesheimer und ihre Gäste.

Die Rose findet sich in vielen Variationen als Wahrzeichen der Stadt wieder. So beispielsweise im Rosenmuster auf Silberbestecken, Tortenhebern und Zuckerlöffeln. Für Geschenke und als beliebte Mitbringsel für Touristen sind auch Rosenprodukte wie Öle, Konfitüren, Liköre und Seifen gefragt. Es gibt Hildesheimer Rosentrüffel und Hildesheimer Rosenbrötchen – eine Süßigkeit zum Naschen (siehe Rezept Seite 96). Für den eigenen Garten kann man die Hildesheimer Rose als Pflanze in den Gartenfachgeschäften in und um Hildesheim erwerben.

Eine Rose kennzeichnet auch den Weg, auf dem man die Highlights der Stadt zu Fuß erkunden kann. Mit einer von Elektrostrom und Sonnenenergie gespeisten Bahn geht es vom Marktplatz gemütlich zu den Welterbekirchen und durch die Straßen der Fachwerkviertel. Gute Erklärungen erhält man per Audio-Guide. Für Kinder gibt es eine eigene »Zwergenroute«, auf der sie die Stadt erkunden können.

Hildesheim, die Rosenstadt

Der Tausendjährige Rosenstock im Innenhof des Doms

Grüne Bohnen in Zitronensoße

Eine mediterrane Variante des Bohnensalats

750 g zarte Prinzess-Bohnen	in Salzwasser bissfest kochen und in Eiswasser abschrecken, damit die Farbe erhalten bleibt. Die Bohnen abgetropft in eine Schale geben. Für die Marinade
1 ungespritzte Zitrone	heiß abwaschen und die Hälfte der Schale fein abraspeln. Von der Zitrone 2 Scheiben abschneiden, zum Garnieren zur Seite legen. Die restliche Zitrone auspressen. Zitronenraspel und Saft in eine kleine Schüssel geben, mit
Salz, Pfeffer aus der Mühle	würzen.
1 – 2 Frühlingszwiebeln	in feine Röllchen schneiden,
1 Bund glatte Petersilie	fein hacken. Frühlingszwiebeln und Petersilie zugeben, alles vermischen und über die Bohnen geben. Abgedeckt marinieren.

Zum Anrichten auf eine Platte geben und mit den Zitronenscheiben garnieren.

Matjes-Tassensalat

2 Tassen Matjeswürfel	
1 Tasse Zwiebelwürfel	
1 Tasse Saure-Gurken-Würfel	
1 Tasse gegarte Rote-Bete-Würfel	und
1 Tasse Apfelwürfel	in einer Schüssel mischen.
200 ml süße Sahne	kurz anschlagen, über den Salat geben und durchmengen. Im Kühlschrank einige Stunden gut durchziehen lassen.

Dazu schmeckt Baguette.

Die Bohnenranke auf dem Weg nach oben

Nudelsalat (für 8 bis 10 Personen)

300 g Hörnchennudeln	nach Packungsanweisung kochen und abgießen. Die Nudeln in eine große Schüssel geben.
200 g TK-Erbsen	hinzufügen.
300 g Fleischwurst	klein schneiden,
150 g Butterkäse	würfeln und beides dazugeben.
1 Dose Mandarinen (à 300 g)	auf einem Sieb abtropfen lassen, den Saft auffangen. Die Mandarinen zu den übrigen Zutaten geben.

Marinade

150 g Crème fraîche	
150 g Vollmilchjoghurt	und
6 EL Gewürzgurkensaft	und 4 Esslöffel vom Mandarinensaft verrühren und mit
Salz, Pfeffer	abschmecken. Über die Nudeln geben und durchziehen lassen.

Dahliensalat

2 Salatherzen	und
1 Eisbergsalat	putzen und in mundgerechte Stücke zupfen.
Blütenblätter von 3 Dahlienköpfen (verschiedene Farben, Sorte egal, Hauptsache nicht gespritzt)	Blütenköpfe ausschütteln, damit das Ungeziefer herausfällt (nicht waschen), die Blätter von den Köpfen abzupfen und zum Salat geben.
30 g Zwiebeln	fein hacken und zum Salat geben.

Marinade

3 EL Öl	in der Pfanne erhitzen.
100 g gehackte Walnüsse	dazugeben und anrösten, dann
1 – 2 EL Balsamico-Essig	über die Walnüsse verteilen, mit
Salz, Pfeffer	und
etwas Zucker	abschmecken. Salat und Dahlienblüten auf einer tieferen Platte anrichten. Kurz vor dem Servieren die erkaltete Marinade darüber verteilen.

Gerne kann der Salat auch mit einer ganzen Dahlienblüte dekoriert werden.

Schmuckdahlie

Melonen-Käse-Salat

1 reife Galiamelone (ca. 800 g)	schälen und in mundgerechte Stücke schneiden.
200 g Käse (Feta oder Gouda, mittelalt)	klein schneiden. Beides in eine Schüssel geben.

Marinade

4 Stängel Minze	Die Blättchen von den Stängeln zupfen und klein schneiden.
5 EL Weißweinessig	
2 TL Honig	und
6 EL Rapsöl	verrühren und mit
Salz, Pfeffer	abschmecken. Zum Käse und zur Melone geben und vermischen.

Es können auch Rucola und Oliven zum Salat gegeben werden.

Steckrübensalat à la Haus am Steinberg

300 g Steckrüben	schälen und auf der Vierkantreibe oder auf einer normale Reibe raspeln. Mit dem Saft von
½ Zitrone	
1 EL Honig	und
4 EL Öl	verkneten. Eventuell etwas
Zucker	dazugeben.
½ frische Ananas	putzen, schälen und den harten Strunk entfernen. Ananas in Stücke schneiden und mit den Steckrüben vermengen.

Steckrüben werden für den Eintopf geerntet.

Hauswirtschaft im Unterricht – damals wie heute ein aktuelles Thema

Von Ortrud Michael und Hanna Winter

LandFrauen vertreten seit Jahrzehnten mit Nachdruck die Interessen von Frauen im ländlichen Raum und greifen aktiv die wichtigsten Themen zur Verbesserung der sozialen und wirtschaftlichen Situation auf. 500 000 LandFrauen in Deutschland fordern, die gesellschaftliche Anerkennung der Arbeit in Haushalt und Familie sowie das Unterrichtsfach »Alltags- und Lebensökonomie« für alle Schüler in den Lehrplan aufzunehmen. Qualifizierte LandFrauen führen die Aktionstage »Kochen mit Kindern« zu den Themen Milch, Getreide, Kartoffeln und Gemüse an Schulen unserer Region durch. Die Kinder erfahren an diesem Tag viel Neues und der Spaß kommt auch nicht zu kurz.

Die Rufe nach einer bundesweiten Verankerung der Verbraucherbildung in den Lehrplänen sind heute wie damals wichtig.

Junge Mädchen werden in Hauswirtschaft ausgebildet (1940 in Gronau).

Vor 75 Jahren wurde in Gronau (Leine) an der Landwirtschaftsschule ein neuer hauswirtschaftlicher Zweig eröffnet. Über diese Zeit berichtet die damalige Schülerin Hanna Winter geb. Randolph aus Sibbesse als Zeitzeugin:

»Schon lange gab es in Gronau im Winterhalbjahr die zweijährige Knaben-Landwirtschaftsschule. Im Jahr 1939 kam eine einjährige Frauenabteilung für Mädchen hinzu. Nachdem ich meine Berufsschule 1940 beendet hatte, ging ich im Winterhalbjahr 1940/41 – also vor 75 Jahren – auch dorthin. Der Schulunterricht begann morgens um 8 Uhr. Meine Mitschülerinnen kamen aus dem Altkreis Alfeld. Die Verbindung mit Bus und Bahn war sehr schlecht, sodass viele eine private Unterkunft in Gronau nehmen mussten. Herr Dr. Ratschlag war der Direktor, Frau Habeney geb. Övermann und Frau Glawatz waren unsere Lehrerinnen.

Wir lernten alles über Haushalt, Garten und Gesundheitspflege; neben theoretischem Unterricht erfuhren wir alles über Kochen und Nähen. Es war Krieg, wir Bauernmädchen waren von zu Haus aus Selbstversorger; Lebensmittelmarken bekamen wir damals nicht. Am Wochenende wurde nach dem Unterrichtsplan festgelegt, was jede für die nächste Unterrichtswoche noch mitzubringen hatte. Beeren, Obst, Gemüse, Kartoffeln, also alles, was in unseren Gärten wuchs. Geflügel, Fleisch vom Schlachten und auch Eier hatten wir manchmal zur Verfügung. Wir lernten gesundes und der Zeit entsprechendes Kochen und Backen. Es entstanden schmackhafte Speisen und Kuchen; wenn einmal ein Gewürz oder eine Zutat fehlte, hieß es: ›Man nehme, wenn man hat!‹

Ich erinnere mich gern an diese Zeit. Freundschaften sind damals entstanden, die noch lange hielten. Vieles, was für unser späteres Leben wichtig war, haben wir damals mitgenommen. Wenn ich es könnte, würde ich mich heute noch bei meinen damaligen Lehrern bedanken.

Ein Rezept aus damaliger Zeit wende ich heute noch immer an.

Leichte Mayonnaise: 1 Ei, 1 Dop Öl (Dop = ½ Eierschale), Essig, Salz, Gewürze nach Geschmack. Alle Zutaten mischen, auf dem Wasserbad (wie Weinschaumcreme) steif schlagen.«

Fachschule für Hauswirtschaft bis 1994 auf dem Trillke Gut

Arbeitserleichterung war damals schon ein Thema.

Die LandFrauen von morgen?

Couscoussalat mit Minze (Tabouleh)

300 g Couscous (instant)	nach Packungsanweisung mit kochendem Wasser übergießen, quellen lassen, auflockern und abkühlen lassen.
2 – 3 große Tomaten	waschen und fein würfeln.
½ Salatgurke	waschen und würfeln.
Je ½ rote, gelbe und grüne Paprikaschote	waschen, putzen und in kleine Würfel schneiden. Alles in eine große Schüssel geben.

Marinade

3 Knoblauchzehen	schälen und pressen. Den Saft von
1 – 2 Zitronen	auspressen und mit dem Knoblauch und
6 EL Olivenöl	mischen. Mit
Pfeffer, Salz, etwas Zimt	würzen.
2 EL frische Petersilie	und
2 EL frische Pfefferminze	waschen und klein hacken.
1 Bund Frühlingszwiebeln	waschen, putzen und in Röllchen schneiden. Alle Zutaten in einer großen Schüssel locker miteinander mischen und vor dem Servieren mit
3 EL schwarze Oliven	und
Petersilie	garnieren.

Sättigende Beilage zum Grillen oder eine leichte Sommermahlzeit mit einem Glas Wein. Couscous ist vorgegarter, hochwertiger Hartweizengrieß. Er wird vor allem in der nordafrikanischen Küche verwendet.

Dorischer Tempel im Derneburger Landschaftspark – zusammen mit dem Architekten Laves entstand 1827 der griechische Tempel auf dem Donnerberg, der damals schon von Weitem sichtbar über dem Schloss Derneburg thronte. Von hier hatten der Graf und seine Gäste einen wunderschönen Aussichtspunkt über die Gartenanlagen.

Warmer Kartoffelsalat

1,5 kg kleine, festkochende Kartoffeln	kochen. Die noch warmen Kartoffeln abpellen. Für die Marinade
5 EL Apfelessig	mit
Salz, Zucker, Pfeffer	
Majoran	würzen.
1 kleine Zwiebel	schälen und in kleine Würfel schneiden. Die Essig-Zucker-Mischung mit den Zwiebeln in
600 ml warmes Wasser	geben. Die noch warmen Kartoffeln in Scheiben in die Marinade schneiden. Mehrere Stunden ziehen lassen. Vor dem Servieren
2 - 3 EL Olivenöl	in den Kartoffelsalat rühren. Mit
Schnittlauchröllchen	noch einmal abschmecken.

Den Salat auf einem Wasserbad warm halten oder wieder erwärmen. Geht auch in der Mikrowelle.

Dazu schmecken besonders gut gebratene grüne Heringe.

Der Künstler Georg Baselitz kaufte Schloss Derneburg 1975; er lebte und arbeitete hier bis 2006. Baselitz ist einer der bekanntesten und renommiertesten zeitgenössischen Künstler in Deutschland und malte seine Bilder im Rittersaal des Schlosses und später im großen Atelier, das im Schlossgarten errichtet wurde. 2006 erwarb der Kunstsammler Andrew Hall die Kunstsammlung von Baselitz und im gleichen Jahr auch das Schloss. Die neu gegründete Schloss Derneburg Corporation renoviert seitdem das Schloss von Grund auf und baut es für die Präsentation von Kunst um. Das ehemalige Gewächshaus vom Schloss Derneburg lädt heute als Café zu kulturellen Veranstaltungen ein.

Das Ensemble der Schlossanlage Derneburg aus der Luft gesehen

Ochsenschwanzsuppe

500 g Ochsenschwanz	in Stücke hacken.
30 g Fett	in der Pfanne erhitzen und das Fleisch darin scharf anbraten.
1 mittelgroße Zwiebel	schälen und klein schneiden. Etwas
Suppenkraut	dazugeben und
1,5 l Wasser	auffüllen.
1 Tomate	waschen, klein schneiden, dazugeben. Mit
½ TL Salz	
1 Lorbeerblatt	
4 Pfefferkörner	
½ TL Paprikapulver	würzen und 1,5 Stunden weichkochen. Anschließend die Brühe abseihen und aufheben, das Fleisch ablösen und in Streifen schneiden. Aus
50 g Margarine	und
50 g Mehl	unter Rühren eine Mehlschwitze herstellen und mit der Brühe aufgießen. Die Mehlschwitze unter Rühren 5 Minuten auf kleiner Hitze köcheln lassen. Das klein geschnittene Fleisch dazugeben.
100 g kleine Pilze (aus Glas oder Dose)	putzen, klein schneiden und mit
5 EL Rotwein	dazugeben.

Heiß servieren.

Gradierwerke mit ehemaligem »Salzsiedehaus« der Salzpfännergilde in Bad Salzdetfurth – Namensgebend für Salzdetfurth war sicher das unter dem Ort und weit darüber hinaus lagernde Steinsalz. Vor rund 250 Millionen Jahren hatte es sich unter dem Einfluss der hohen Sonnenenergie gebildet. Das Urmeer trocknete, das Salz kristallisierte aus und lagerte sich ab. Unterirdisch entstanden Solekammern, wo das Salz heute noch in gesättigter Urform vorhanden ist.

Currysuppe mit Hähnchenfleisch

375 g Hähnchenbrustfilet	abspülen, trockentupfen und in dünne Scheiben schneiden.
2 Zwiebeln	schälen und fein hacken.
3 EL Öl	in einer Pfanne erhitzen und das Fleisch kräftig anbraten.
2 EL Mehl	und
2 – 3 EL Curry	darüberstäuben und mit
500 ml Brühe	ablöschen.
250 ml süße Sahne	und
125 ml Weißwein	aufgießen. Mit
Salz, Pfeffer	abschmecken und etwa 15 Minuten leicht köcheln lassen.

Kalte Gurkensuppe

250 ml Wasser	zum Kochen bringen.
1 EL Hühnerbrühe (instant)	darin auflösen.
1 große Salatgurke (ca. 500 g)	waschen, putzen, in grobe Stücke schneiden und pürieren. Gurke und Brühe mit
1 EL Zitronensaft	
150 g Vollmilchjoghurt	und
2 EL saure Sahne	verrühren. Mit
Salz, Pfeffer, Muskat	kräftig abschmecken. Gurkensuppe mindestens 30 Minuten kalt stellen.
1 Bund Dill	waschen, trockentupfen und – bis auf ein paar Dillfähnchen zum Garnieren – fein hacken und in die Suppe rühren. Die Suppe in Schalen füllen und mit Dill garnieren.

In der historischen Altstadt von Bad Salzdetfurth befinden sich zahlreiche, teilweise bereits im 17. Jahrhundert errichtete Fachwerkhäuser.

Gefüllter Kürbis

1 Kürbis (ca. 4 kg)	unter fließendem Wasser gut abbürsten. Vom Kürbis einen Deckel abschneiden. Mit einem Löffel vorsichtig alle Kerne und Fasern entfernen.
800 g Mett	in einer Pfanne anbraten.
4 große Zwiebeln	pellen, würfeln und zum Mett geben.
1 kg Kartoffeln	schälen, in kleine Stücke schneiden und dazugeben. Alles zusammen andünsten. Mit
Salz, Pfeffer	würzen.
300 ml Wasser	und
1 TL gekörnte Brühe	auffüllen. Die Masse in den ausgehöhlten Kürbis geben.
5 Tomaten	in Viertel schneiden und auf das Gemüse legen. Mit dem Kürbisdeckel abdecken. Den Kürbis in Alufolie einpacken, in eine Backform setzen und im Backofen bei 180 °C etwa 1,5 Stunden backen. Nach der Garzeit die Alufolie nach unten schlagen und eventuell mit Brühe auffüllen. Vor dem Servieren mit
1 Bund gehackte Petersilie	bestreuen. In der Form servieren.

Um die Garzeit zu verkürzen, kann das Gemüse mit dem Mett in der Pfanne 15 Minuten geschmort werden.

Altes Transformatorenhaus – heute ein Hotel für Fledermäuse

Holunderblütenkranz – eine Augenweide

Holunderbeersuppe mit Schneeklößchen

Holunderbeersuppe

200 g Holunderbeeren	mit einer Gabel von den Stielen streifen und abspülen. In
500 ml Wasser	geben, aufkochen und 5 Minuten fertiggaren, dann pürieren.
250 g Äpfel	schälen, entkernen, in dünne Spalten schneiden und in einen Topf geben.
500 ml Wasser	sowie etwas abgeriebene Schale von
1 ungespritzte Zitrone	und
1 Prise Salz	dazugeben. Die Äpfel weich garen, mit dem Schneebesen durchrühren und dann das Holunderpüree hinzufügen.
20 g Speisestärke	mit
3 EL Wasser	anrühren und die Suppe damit binden.

Schneeklößchen

2 Eiweiß	steif schlagen, dabei
2 EL Zucker	einrieseln lassen.
Einige Tropfen Zitronensaft	dazugeben. Aus der Masse Klößchen abstechen und auf die heiße Suppe geben. Mit Deckel 4 bis 5 Minuten garziehen lassen. Vor dem Servieren mit
Zimtzucker	bestreuen.

Statt der Holunderbeeren kann man 500 ml Holunderbeersaft verwenden und die Äpfel lassen sich durch halbierte Pflaumen ersetzen. Gut dazu schmecken auch Grießklößchen (Rezept Seite 90) statt der Schneeklößchen.

Radfahrerkirche in Grasdorf

Bäuerlicher Herbsteintopf

2 Rauchenden	in Scheiben schneiden und in
10 g Butter	kurz anbraten.
1 Zwiebel	schälen, würfeln, zu den Rauchenden geben und glasig dünsten.
400 g Möhren	
150 g Porree	
150 g Knollensellerie	
600 g Kartoffeln	
250 g grüne Bohnen (nach Belieben)	Das Gemüse putzen und in Würfel oder Stifte schneiden und alles hinzufügen.
50 g Graupen (nach Belieben)	dazugeben und
250 – 375 ml Gemüsebrühe	aufgießen. Mit
Salz, Pfeffer	abschmecken und 15 bis 20 Minuten köcheln lassen. Bei Bedarf etwas Wasser oder Brühe nachfüllen.
Petersilie	waschen, fein hacken und zum Servieren über den fertigen Eintopf streuen.

Pikant schmeckt der Eintopf, wenn ein Apfel und eine Birne gewürfelt in den letzten 5 Minuten der Garzeit hinzugefügt werden. Der Eintopf lässt sich gut mit weißen Bohnen ergänzen. Konservenbohnen werden in den letzten 10 Minuten der Garzeit hinzugefügt.

Die Domäne Marienburg beherbergt heute den Kulturcampus der Universität Hildesheim.

Kälberzähne – so wurden Graupen genannt

Von Hanni Heilmann

Die Graupe war als ungeliebte Kriegskost über Jahre verschmäht. Oft nur mit einer dünnen Brühe aus zusammengesuchten Resten, ausgekochten Schinkenknochen oder Schwarten musste man sie essen, um überhaupt satt zu werden. Heute hat die Graupe jedoch wieder ihren Stellenwert in der gesunden Ernährung. Nicht nur als Eintopf mit Gemüse in feiner Rindfleischbrühe gekocht, sondern auch als Salat und sogar als Nachtisch kommt sie wieder auf den Tisch.

In der alten Rhener Graupenmühle am Innerste-Radweg, die bis heute erhalten und betriebsbereit ist, wurden über Jahrhunderte die gelben Körner der Gerste zu knubbeligen Graupen geschält und poliert. Bis zu acht Mal läuft das Korn über Walzenstühle, bis es rund geschält und poliert erscheint. Dafür eignen sich nur einige Gerstensorten. Das Korn muss nach dem Schälen einen weißen Kern hervorbringen. In verschiedenen Größen hergestellt, nannte man die größte Sortierung auch scherzhaft Kälberzähne. Die feineren Sorten ergeben mit Gemüse zusammen ideale Beilagen und sind in der vegetarischen Küche beliebt. Der durch das Schälen entstandene »Abfall« ist als Viehfutter begehrt und wird mit anderen Futterkomponenten gemischt.

Hier wachsen Kälberzähne (Gerste) – Leinebergland.

Kutschersuppe (für etwa 12 Suppentassen)

1 kg gewürztes Hackfleisch vom Schwein	Daraus Bällchen formen, anbraten und
4 EL Mehl	darüberstäuben.
500 ml Brühe	aufgießen und durchkochen. Die Bällchen in der Brühe noch 5 Minuten ziehen lassen.
2 rote und 2 grüne Paprikaschoten	waschen, halbieren, putzen und in Streifen schneiden.
3 Peperoni	sehr klein schneiden. Paprika und Peperoni mit
570 g Mais aus der Dose	und
340 g Pilze aus der Dose	in einen Topf geben.
2 EL Tomatenmark	zugeben und das Gemüse dünsten. Dann die Mettbällchen mit der Soße hinzufügen.
200 ml süße Sahne	und
200 g saure Sahne	aufgießen. Mit
2 TL Chilipulver	
Cayennepfeffer	
Salz, Paprikapulver	sowie
1 Prise Zucker	abschmecken. In Suppentassen füllen.
200 ml süße Sahne	halbsteif schlagen und auf die Suppe geben.

Sie können auch gemischtes Hackfleisch verwenden (halb Schwein/halb Rind).

Begegnung auf dem Stichkanal des Mittellandkanals – auch Hildesheim ist eine Hafenstadt.

Kürbis-Orangen-Suppe

700 g Kürbisfleisch (Hokkaido)	Die Kerne und Fasern entfernen und das Fruchtfleisch klein schneiden.
200 g Möhren	schälen und klein schneiden.
1 Stange Porree	putzen und in Würfel schneiden.
1 walnussgroßes Stück Ingwer	reiben oder fein hacken.
2 EL Olivenöl	in einem Topf erhitzen, Ingwer und Porree zugeben und andünsten, dann Möhren und Kürbis hinzufügen.
750 ml Gemüsebrühe	aufgießen und alles etwa 15 Minuten köcheln lassen. Dann sehr fein pürieren. Mit
Salz, Pfeffer	würzen. Von
1 ungespritzte Orange	die Schale abreiben und beiseitestellen. Die Orange auspressen und den Saft zur Suppe geben
40 g Erdnusskerne (gesalzen und geröstet)	und
1 Bund Petersilie	grob hacken und mit der Orangenschale mischen. Die Suppe auf Tellern verteilen und mit einem Teelöffel etwas von der Nuss-Petersilien-Orangen-Mischung auf die Suppe geben. Etwas
Kürbiskernöl	zum Schluss auf die Suppe träufeln.

Kürbisfleisch besteht zu 80 bis 90 Prozent aus Wasser, es ist kalorienarm, ballaststoffreich und gut verdaulich. Einige Sorten haben den 12-fachen Carotin-Gehalt von Möhren.

Der Zigarrenklau

Von Heiner Knopf

Meine Urgroßeltern bewirtschafteten einen Hof in einem Dorf im nördlichen Kreis Hildesheims. Sie lebten dort wie die meisten Bauern, hatten von morgens bis abends viel zu tun und mühten sich redlich auf den Äckern und in den Ställen. Für besondere Vergnügungen fehlten Zeit und Geld. Und doch fanden sich ein paar bescheidene Möglichkeiten, etwas Abwechslung in ihren Alltag zu bringen. So pflegte Oma Emma ihr Damenkränzchen. Einmal im Monat traf sie sich mit einigen Frauen im Pastorenhaus. Zunächst wurde in der Bibel gelesen und für das Heil der Kinder, des Dorfes und der ganzen Welt gebetet. Nach diesem Pflichtprogramm kochte die Pastörsche, so hieß die Frau des Pastors im Volksmund, noch ein Tässchen Kaffee, die Damen knabberten an selbst gebackenen Keksen und es wurde der neueste Dorfklatsch ausgetauscht, der eigentlich viel spannender war als die Bibellesungen.

Opa Friedrich gönnte sich gelegentlich eine Kiste Handelsgold Zigarren, die er sich in einem Tabakladen in Hildesheim kaufte. Diese Kiste musste lange halten, da sie teuer war. So genehmigte er sich den Genuss einer Zigarre nur zu besonderen Anlässen. Mitunter ließ er den Stummel auch kalt werden und steckte ihn sich bei nächster Gelegenheit wieder an, dann hielt die Kiste noch etwas länger. Obwohl er kaum geraucht hatte, wurde er das Gefühl nicht los, dass sie sich auf geheimnisvolle Weise langsam leerte. Misstrauisch geworden fing er an, die Kiste etwas genauer zu beobachten.

Einmal betrat er früher als sonst das Haus, es war zufällig der Tag, an dem Emma beten wollte und er registrierte soeben noch durch den Türspalt, dass Emma ihre Hand zurückzog und die Klappe der Zigarrenkiste herunterfiel. Friedrich wollte nicht glauben, was er soeben gesehen hatte. Seine Emma!? Aber er tat erst mal so, als hätte er nichts gesehen. Und Emma verabschiedete sich mit Unschuldsmiene in Richtung Kirchhof.

Bei Friedrich läuteten nicht die Kirchenglocken, sondern die Alarmglocken. Wer weiß, was die Damen dort trieben! Von wegen beten! Emma führte ein Doppelleben, das wurde ihm schlagartig klar. Ein Bethaus sollte das Pastorenhaus sein? Ha! Weiß der Teufel, mit welchen Mannsbildern sich die »feinen Damen« dort amüsierten! Friedrichs Fantasie ging mit ihm durch.

Aber er blieb äußerlich gelassen, überlegte sich eine Strategie und wartete den nächsten Betabend ab. Er zählte sorgfältig seine Zigarren und legte sie ganz akkurat zurück in die Kiste. Der Abend kam, Friedrich trödelte noch ein bisschen

Früher Mistfahrzeug, heute eine Blumenfuhre

zwischen den Kälbern herum und Emma zauberte sich wie immer noch ein paar Wellen in ihre Haare – mit Zuckerlösung und Brennschere. Kaum hatte Emma das Haus verlassen, stürzte Friedrich sich auf die Zigarrenkiste. Und siehe da, eine fehlte. Friedrich schäumte vor Wut.

Der Sache musste auf den Grund gegangen werden. Gegen zehn war das Beten vorbei. Viertel vor zehn zog er sich seine Schnürstiefel an, Hut und Mantel nicht zu vergessen, seinen Handstock – wer weiß, wofür der nötig war – und marschierte los. Schon von weitem erstarrte er. Tatsächlich erkannte er eine männliche Gestalt, die langsam vor dem Haus auf und ab ging und offensichtlich auf das Ende der Gebete wartete. Gerade wollte Fritz mit dem Knüppel auf den Kerl losgehen, da öffnete sich die Tür und die Pastörsche verabschiedete Emma. Emma begrüßte den fremden Mann so, wie sich alte Freunde begrüßen, und überreichte ihm etwas, das so aussah wie seine Zigarren.

Es war der alte Nachtwächter des Dorfes, schon fast 90 Jahre alt, der schon seit Jahrzehnten nachts durch das Dorf ging und der alles wusste, was nach Einbruch der Dunkelheit im Dorf passierte. Und natürlich kannte er die Termine der Betschwestern. Und da Emma immer ein bisschen ängstlich war und sich vor dem Heimweg fürchtete, vor allem im Winter, und ihr Friedrich abends um zehn längst auf dem Sofa eingeschlafen war, so bat sie den alten Nachtwächter um Begleitung und Schutz, dafür bekam er zum Dank jedes Mal eine von Friedrichs wohl gehüteten Zigarren.

Historischer Umzug

So werden alte Milchkannen neu genutzt.

Rote-Bete-Suppe mit Meerrettich

800 g Rote Bete	waschen und mit
½ TL Kümmel (ganz oder gemahlen)	in Salzwasser aufsetzen und etwa 1 Stunde garen.
3 EL Crème fraîche	mit
1 EL geriebener Meerrettich	verrühren, mit
Salz, Pfeffer	würzen. Rote Bete abgießen, kalt abschrecken und abkühlen lassen. Die Knollen pellen und grob würfeln.
500 ml Gemüsebrühe (instant)	und
500 ml Apfelsaft	zusammen aufkochen. Rote Bete darin etwa 3 Minuten köcheln lassen. Alles mit einem Pürierstab pürieren.
30 g Stärkemehl	mit
6 EL Wasser	glatt rühren. Die Suppe damit binden. Nochmals aufkochen. Mit
Salz, Pfeffer	
1 Prise Zucker	und
1 – 2 EL Balsamico-Essig	pikant abschmecken.

Die Suppe in Suppentassen füllen, mit etwas gehacktem Dill und 1 Teelöffel Crème fraîche garnieren.

Auch vor Betonarbeiten schrecken LandFrauen nicht zurück – hier eine kreative Vogeltränke.

Auf dem Kalksteinrücken drehen sich die Windräder.

Petersilienwurzelsuppe

200 g Petersilienwurzel	
200 g Kartoffeln	und
100 g Porree	jeweils putzen, schälen, in dicke Scheiben schneiden.
50 g Zwiebeln	klein würfeln.
40 g Butter	in einem Topf erhitzen. Das Gemüse dazugeben und andünsten.
1 l Gemüsebrühe	angießen, aufkochen und 20 bis 30 Minuten köcheln lassen.
200 ml süße Sahne	dazugeben und pürieren. Mit
Salz, Pfeffer, Muskat	und
125 ml Weißwein oder Zitronensaft	abschmecken.

Leicht geschlagene Sahne und Portulakblätter (Gartenkraut mit Heilwirkung) auf die Suppe geben.

Tomatensuppe mit Parmesan-Mandel-Chips

50 g Zwiebeln	pellen und würfeln.
1 Knoblauchzehe	pellen, klein schneiden und beides in
5 EL Olivenöl	anbraten.
425 g stückige Tomaten aus der Dose	
1 EL Tomatenmark	und
1 getrocknete Chilischote (klein gehackt)	zugeben.
400 ml Gemüsefond	auffüllen, aufkochen und 20 Minuten köcheln lassen, danach pürieren. Mit
Salz, Pfeffer, Zucker	abschmecken. Für die Parmesan-Mandel-Chips
70 g Parmesan	fein reiben und mit
2 EL Mandelstifte	vermischen. Kleine Häufchen auf ein mit Backpapier ausgelegtes Blech setzen. Bei 160 °C etwa 6 Minuten hellgelb backen. Die Suppe in Tassen verteilen und die warmen Parmesan-Chips dazu reichen.

Wir warten noch auf ein bisschen Sonne.

Die Königin der Feldfrüchte

Von Hanni Heilmann

Die Hildesheimer Börde ist eine fruchtbare Tiefebene, die sich besonders gut für den Anbau der nährstoffhungrigen Zuckerrübe eignet. Nicht umsonst wird sie – weil sie sich vielfältig nutzen lässt – die Königin der Feldfrüchte genannt. Mit ihren Wurzeln kann sie über zwei Meter tief in die Erde eindringen, um so an die Nährstoffe zu gelangen. Auf tiefgründigem, gutem Boden können ihr auch Trockenperioden so schnell nichts anhaben. Aus einer nur kleinen Rübenpille, also dem Samenkorn mit seiner schützenden Ummantelung, wird in etwa nur sechs Monaten eine Rübe, die über 100 Gramm Zucker hervorbringt. Doch ihre Inhaltsstoffe sind nicht nur für die Zuckergewinnung wichtig, sie werden auch als Bioethanol in der Industrie und als Bestückung für Biogasanlagen genutzt. Ihre Nebenprodukte wie Melasse und die ausgelaugten Rübenschnitzel verwendet man als Viehfutter. Kein Wunder also, dass sich in der Vergangenheit in vielen Dörfern Zuckerfabriken etablieren konnten. Die Bauern schlossen sich zu Aktionären zusammen und bauten ihre Fabriken ortsnah. Der Anbau der Zuckerrübe um die Jahrhundertwende brachte ab ca. 1850 Wohlstand in die Dörfer. Überall konnte man eifrige Bautätigkeiten verfolgen. Alte Höfe bekamen neue, große, hohe Herrenhäuser mit roten Klinkersteinen, die im Volksmund als »Rübenburgen« bezeichnet werden. Der Rübenanbau in damaliger Zeit war geprägt von anstrengender Handarbeit, bei der viele Dorfbewohner Arbeit fanden. Dank der enormen Entwicklung von Forschung und Technik in der Landwirtschaft, wurde diese recht schwere Handarbeit nach und nach durch Maschinen ersetzt. Mit nur wenigen Arbeitskräften kann heute die ganze Arbeit bewältigt werden. Der Strukturwandel in der Landwirtschaft hat inzwischen auch andere Produkte mit in den Fruchtwechsel gebracht. Waren es bis vor einigen Jahren noch der Weizen und die Rüben, so sieht man heute vermehrt Rapsfelder für die Ölproduktion und den Mais für die Biogasanlagen in der Landschaft.

So wird aus dem Landwirt – auch – ein Energiewirt. Die Erzeugung von nachwachsenden Rohstoffen und die Produktion von Ökostrom nehmen einen Teil der Anbauflächen in Anspruch. Die regionale Produktion von Geflügel, Fleisch und Eiern nimmt wieder zu. Auf Wochenmärkten in den Städten Alfeld und Hildesheim, in Hofläden und auch in einigen Lebensmittelgeschäften werden Produkte aus der Region angeboten. Als Verbraucher haben wir hier die Möglichkeit, regional erzeugte Lebensmittel zu kaufen. Der einmal im Jahr stattfindende Bauernmarkt und der Tag der »offenen Hoftür« geben interessierten Verbrauchern die Möglichkeit sich über Tierhaltung, Anbau und Herstellung der Produkte zu informieren.

Der Rübenanbauer von morgen?

»Leichter« Steckrübeneintopf (für 6 Personen)

500 g Steckrüben	
500 g Möhren	
500 g Kartoffeln	
2 Zwiebeln	
1 Stange Porree	Das Gemüse putzen und würfeln.
500 g Kassler	würfeln.
1 EL Butter	im Topf schmelzen und das Fleisch darin anbraten. Gemüse zugeben und schmoren.
1,5 l Wasser	aufgießen, mit
Salz, Pfeffer	
1 Lorbeerblatt	abschmecken und etwa 45 Minuten köcheln lassen.

Die Zuckerfabrik in Nordstemmen gilt als zweiter zentraler Standort zur Zuckerherstellung für die Handelsmarken SweetFamily.

Steckrüben ... finden den Weg in die moderne Küche.

Gehacktes mit Knoblauchsoße

2 Scheiben Blätterteig	Davon 1 Scheibe zur doppelten Größe ausrollen und eine gefettete Auflaufform damit auslegen.
400 – 500 g gemischtes Hackfleisch	in eine Schüssel geben.
1 grüne Paprikaschote	waschen, halbieren, putzen und würfeln.
5 – 6 Chilischoten	Samen entfernen, klein schneiden.
1 Knoblauchzehe	pellen und pressen. Paprika, Chili und Knoblauch zum Hackfleisch geben.
100 g Crème fraîche	zufügen und mischen. Mit
Pfeffer, Paprikapulver	würzen und auf dem Blätterteig verteilen. Bei 200 °C etwa 20 Minuten backen. Die zweite Scheibe Blätterteig ebenfalls zur doppelten Größe ausrollen und auf den Auflauf legen.
1 Eigelb	mit
2 EL Milch	verquirlen. Den Blätterteig-Deckel damit bestreichen und weitere 15 Minuten bei 200 °C backen.

Dazu schmeckt frisches Brot.

Einfahrt zum ehemaligen Rittergut Garmissen

St. Mariae Himmelfahrt spiegelt sich im Steinbrücker Dorfteich.

Kürbis-Quiche

200 g Mehl	
125 g Butter	
1 Ei	und
1 Prise Salz	zu einem Mürbeteig verkneten, in Frischhaltefolie wickeln und 30 Minuten kalt stellen.
425 g Hokkaido-Kürbis	waschen, entkernen und würfeln.
1 Bund Lauchzwiebeln	putzen, in Ringe schneiden.
¼ Bund Thymian	2 Stiele zur Seite legen, vom Rest die Blättchen abzupfen.
2 EL Öl	in einer Pfanne erhitzen. Kürbiswürfel darin andünsten.
100 g Katenschinken (gewürfelt)	sowie Lauchzwiebeln und Thymian zufügen. Mit
Salz, Pfeffer	würzen.
2 reife Birnen	waschen, entkernen und in Spalten schneiden. Für den Guss
4 Eier	und
200 ml süße Sahne	verrühren. Mit etwas
Muskatnuss	und
Salz, Pfeffer	würzen. Eine Springform (Ø 26 cm) ausfetten. Den Teig auf einer bemehlten Fläche zu einem Kreis ausrollen und in die gefette Form legen. Am Rand der Form andrücken. Den Boden mehrmals mit einer Gabel einstechen. Den Boden mit
2 EL Paniermehl	bestreuen. Birnenspalten und Kürbisgemüse auf den Teig geben. Eiersahne darübergießen und mit dem restlichen Thymian belegen. Im heißen Backofen bei 200 °C etwa 50 bis 60 Minuten backen. Nach der Hälfte der Backzeit mit Alufolie abdecken. Die Quiche aus dem Ofen nehmen, etwas abkühlen lassen und aus der Form lösen.

Die Quiche warm zu einem Glas Weißwein auf der Terrasse genießen.

Hannes, mit dem größten Kürbis im Garten

Zucchini-Tortellini-Auflauf

4 zarte Zucchini	waschen und raspeln.
3 Zwiebeln	pellen und klein würfeln.
2 Knoblauchzehen	pellen, pressen. Alles in
2 EL Butter	andünsten und in eine gefettete Auflaufform geben.
250 g frische Tortellini	nach Anweisung kochen und abgießen.
6 Scheiben Kochschinken	klein schneiden und auf das Gemüse legen. Darauf die Tortellini geben.
200 ml süße Sahne	mit
2 Eier	verquirlen, mit
Salz, Pfeffer	würzen und über die Tortellini geben.
200 g Reibekäse	darüberstreuen. Bei 200 °C etwa 30 Minuten überbacken.

Leinetal mit Blick auf die Sieben Berge – im Vordergrund Brunkensen

Die Aussichtstürme der Sieben Berge und des Külfs bieten einen schönen Ausblick ins Leinetal.

Kleinode im Leinetal

Von Ortrud Michael

Brunottsche Hof in Wallenstedt ist ein ländlicher Haustyp aus der Zeit vor dem Dreißigjährigen Krieg (1618 bis 1648). Er wird heute als Tagungs- und Veranstaltungsort genutzt. Ferienwohnungen werden hergerichtet.

Die Landschaft des Leinetals bietet eine Vielzahl von Ausflugszielen, die es zu entdecken gilt. Sei es die Duinger Seenplatte mit ihren Bademöglichkeiten, die Lippoldshöhle in Brunkensen, das Naturbad Banteln, die Marienburg bei Nordstemmen oder die Aussichtstürme der Sieben Berge. Der Ernst-Binnewies-Turm (im Volksmund: Tafelbergturm) steht auf dem höchsten der Sieben Berge (395 Meter über NN). Südliches Ende der Sieben Berge bildet der Himmelberg (307,5 Meter über NN) bei Eimsen mit seinem 22 Meter hohen Himmelbergturm. Beide Türme bieten einen fantastischen Ausblick in das Leinebergland bis hinüber zum Külf, wo der Cölle-Turm einen Ausblick bis nach Hannover ermöglicht.

Die Feldberger Kapelle aus der 2. Hälfte des 12. Jahrhunderts zwischen Banteln und Gronau dient heute als Friedhofskapelle.

Die Wanderer finden mit den Fernwanderwegen Harz-Holland-Weg, dem Rennstieg, dem Königsweg und dem Jakobs(Pilger)weg viele reizvolle Möglichkeiten für Wandertouren durch das Leinetal und seine angrenzenden Höhenzüge. Für Radfahrer entlang der Leine bietet sich der Leine-Heide-Radweg an. Im Hils, im Sackwald und den Sieben Bergen finden Mountainbiker die passenden Touren. Für E-Biker wurden mehrere Verleihstationen eingerichtet, um das Leinebergland mit seinen malerisch gelegenen Gemeinden und Dörfern zu besuchen. Ergänzt wurde der Leine-Heide-Radweg um den 60 Kilometer langen Radweg zur Kunst von Sarstedt über Hildesheim bis nach Bad Gandersheim. Dieser setzt sich aus den fünf Teilwegen »Wasser-Kunst-Weg«, »Romanik-Weg«, »Kontakt-Kunst-Weg«, »Kunst-beWEGt« und »Skulpturenweg« zusammen. An ihnen lässt sich die Entwicklung der Kunst dieses Raumes hautnah erleben. Eine 1000-jährige Kulturlandschaft verknüpft die Zeugnisse von Vergangenheit und Gegenwart.

Im Naturbad in Banteln wird auf Chlor und Chemikalien verzichtet. Das Wasser wird über eine Pflanzenkläranlage gereinigt. Durch eine Spende von 100 Festmetern Holz vom ehemaligen Schweizer Pavillon auf der Expo 2000, konnten Gebäude für Umkleiden etc. errichtet werden.

Schlauchboot- und Kanufahrten auf der Leine sind ebenfalls ein besonders Erlebnis. Die Leine windet sich kurvenreich und flott durch das Leinebergland. Einer von vielen Ein- und Ausstiegen befindet sich direkt in Alfeld. Der Besuch der Leinestadt mit seiner Altstadt oder der alten Lateinschule sind lohnenswert.
Hier ein Tipp für ausgearbeitete Touren: http://navigator.geolife.de mit dem Suchbegriff »Leinetal«. Verantwortlich für die Seite ist das Landesamt für Geoinformation und Landentwicklung Niedersachsen.

Quarkauflauf

500 g Magerquark	mit
1 Pck. Vanillezucker	
3 Eier	
50 g Zucker	
1 EL Grieß	und
50 g flüssige Butter	gut verrühren und in eine gebutterte Auflaufform geben.
300 g Obst (z.B. Kirschen)	auf die Quarkmasse geben.
30 g Butterflöckchen	und
1 EL Zucker	darüberstreuen. Abgedeckt etwa 25 Minuten bei 200 °C (Ober-/Unterhitze) backen.

Auf dem Königsweg durch das Külftal nach Brüggen zum Schloss

Gegenüber der Nikolaikirche (aus dem 12. Jahrhundert) zu Deinsen steht das alte Pfarrhaus mit Pfarrgarten und Rotbuche.

Porree-Käse-Torte

Nach Geschmack kann man auch 100 g gewürfelten Kochschinken oder Schinkenwürfel zu der Porreemasse geben.

200 g Mehl 1 TL Backpulver 4 EL Öl 125 ml Buttermilch	und
1 Prise Salz	zusammen zu einem Mürbeteig verarbeiten und 30 Minuten kühl stellen. Den Teig in eine gefettete Tarteform (Ø 26 cm) geben und den Boden mit einer Gabel einstechen.
250 g Porree	putzen, in ½ cm dicke Ringe schneiden und in
1 EL Butter	kurz andünsten, anschließend auf dem Teig verteilen.
150 g Crème fraîche	mit
2 Eier	gut verrühren und mit
Salz, Pfeffer	abschmecken, über den Porree geben.
200 g kräftiger Schnittkäse	raspeln und mit
1 TL Kümmel	über die Masse streuen. Im Backofen bei 180 bis 200 °C etwa 20 Minuten goldbraun backen.

Im alten Brauhaus (Seitengebäude) des Rittergutes derer von Cramm ist heute das Leine-Café zu finden.

Kirchplatz vor der evangelischen Kirche »Maria zu den Sieben Bergen« in Brüggen

Hildesheimer Fantasie (für 10 Personen)

7 große Zwiebeln	schälen, würfeln und zusammen mit
2 kg Rindergulasch (ungewürzt)	scharf im Bräter anbraten.
1,5 kg Thüringer Mett	zu kleinen Kugeln formen und auch anbraten. Mettkugeln und Gulasch in eine feuerfeste Form füllen.
2 Dosen Pfirsiche (à 850 g)	in kleine Stücke schneiden und das Fleisch damit bedecken. Den Saft von 1 Dose Pfirsiche mit
800 ml Curry-Ketchup	und
1 TL Sambal Oelek	mischen und über die Pfirsiche gießen. Mindestens 3 Stunden durchziehen lassen oder auch 1 Tag vorher zubereiten. Im Backofen bei 200 °C auf der 2. Leiste von unten 2,5 Stunden mit Deckel garen. Nach der Garzeit sollten die Pfirsiche zerfallen.

Dazu passen Reis, Spätzle oder Weißbrot.

Hofanlage Gut Steuerwald – Residenz für 28 Bischöfe. Die beiden Schutz- und Trutzburgen Marienburg und Steuerwald vor den Toren Hildesheims wurden im 14. Jahrhundert gebaut, um den Bischof gegen Übergriffe der Hildesheimer Bürger zu schützen.

Bergfried Gut Steuerwald

Pastorenfleisch (Rindfleisch)

Pastoren waren früher ganz sparsame Leute. Wenn in der Woche mal Fleisch auf den Tisch kam, wurde es so dünn geschnitten, dass man durch die Scheiben gucken konnte. So konnten viele Kinder satt werden.

1 Bund Suppengrün	putzen, in grobe Stücke schneiden und
2 Zwiebeln	pellen, klein schneiden.
2 l Wasser	in einem Topf zum Kochen bringen, Suppengrün und Zwiebeln dazugeben.
6 Pfefferkörner	und
1 TL Salz	hinzufügen.
1,5 kg falsches Filet	In die kochende Brühe geben und etwa 2,5 Stunden sieden. Das Fleisch in der Brühe erkalten lassen. Aus der Brühe nehmen und mit der Brotmaschine in hauchdünne Scheiben schneiden. Zur Seite stellen.
3 Zwiebeln	pellen, würfeln und in einer Pfanne anbraten.
500 g Champignons in Scheiben aus der Dose	abgießen und mit anbraten. Für die Marinade
400 g Salatcreme	mit etwas Fleischbrühe in einer Schale verrühren.
1 EL Senf	
½ TL Zucker	und
2 EL Dill (gehackt)	zu der Soße geben, verrühren und abschmecken. Eine Platte schichtweise mit Fleischscheiben belegen und mit der Marinade übergießen. Das angebratene Zwiebel-Champignon-Gemisch in die Mitte der Platte auf das Fleisch legen. Das Fleisch mit der Soße 24 Stunden durchziehen lassen.

Dazu passt das Backofengemüse (Rezept Seite 83).

Magdalenenkapelle im Gut Steuerwald – die privat sanierte Magdalenkapelle ist mit ihren 55 Sitzplätzen im Sommer ein gern gewählter Ort für Taufen, Hochzeiten, Lesungen und Konzerte.

Rinderschmorbraten »klassisch«

500 g Rinderbraten (Bug oder Keule)	kalt abwaschen und abtrocknen. Wenn nötig, die Haut entfernen. Mit
Salz, Pfeffer	einreiben und dünn mit
Senf	bestreichen. Den Braten von allen Seiten in
2 EL Fett (heiß)	braun anbraten.
1 Zwiebel	schälen, würfeln und mitbraten.
250 ml kochendes Wasser	hinzugießen.
2 Tomaten	mit kochendem Wasser überbrühen, die Haut abziehen, das Fruchtfleisch hinzufügen. Außerdem
1 Möhre	
10 Pfefferkörner	
2 Nelken	
2 Pimentkörner	und
1 Lorbeerblatt	zugeben und alles langsam 1 Stunde gar schmoren. Das Fleisch herausnehmen und warm stellen. Die Soße durch ein Sieb streichen.
1 TL Stärkemehl	mit
125 g saure Sahne	verrühren und die Soße damit binden. Den Braten erst aufschneiden, wenn er 5 Minuten geruht hat.

Dazu schmecken Semmelknödel (Rezept Seite 82).

Das Gildehaus der ehemaligen Salzsieder. In Salzdetfurth wurde die Sole zunächst über die mächtigen Gradierwerke geleitet und dann in Pfannen gekocht. Die salzhaltige Luft tat den Bronchien gut und schnell reisten Ausflügler nach Salzdetfurth. Chronische Atemwegserkrankungen waren im 19. Jahrhundert durch die schlechten Wohn- und Arbeitsbedingungen weit verbreitet. Bereits 1856 wurde das erste Badehaus eröffnet.

Rindfleisch in Rotwein (für 6 Personen)

1,5 kg mageres Rindfleisch	in große Würfel schneiden.
6 EL Schmalz	in einem Topf zerlassen und das Fleisch darin anbraten.
3 Zwiebeln	schälen, würfeln, dazugeben und 3 Minuten weiterbraten. Die Hälfte von
1 Flasche Bordeaux (0,7 l)	aufgießen.
4 – 6 Knoblauchzehen	abziehen und fein hacken.
50 g grüne Oliven	und
50 g schwarze Oliven	hacken.
2 EL grüne Pfefferkörner	zerdrücken und
75 g Korinthen (Sultaninen)	hacken. Alle Zutaten in die Soße geben und mit
½ TL Thymian	
1 Msp. Rosmarin	
1 geh. TL Salz	würzen. Im geschlossenen Topf 30 Minuten langsam schmoren, dann weitere 60 bis 90 Minuten ohne Deckel weiterschmoren. Zwischendurch den restlichen Wein in kleinen Mengen nachgießen und umrühren. Nach der Garzeit
375 ml süße Sahne	angießen und unter Rühren aufkochen. Mit
Pfeffer	und
4 cl Weinbrand	abschmecken.

Als Beilagen eignen sich französisches Weißbrot und Salat.
Das Gericht ist zum Einfrieren geeignet – Haltbarkeit etwa 6 Monate.

Leinearm mit Blick auf die
St. Mathai-Kirche in Gronau/Leine

Roastbeef mit Sauce hollandaise (für 4 bis 6 Personen)

	Den Backofen auf 200 bis 220 °C vorheizen.
1 kg Roastbeef	trockentupfen. Mit
Salz, Pfeffer	würzen. Auf der Unterseite mit
1 EL Estragonsenf	einstreichen. In einer Pfanne
3 EL Öl	erhitzen und das Fleisch von allen Seiten darin anbraten. Mit etwas
Wasser	übergießen. Danach im Backofen etwa 20 bis 40 Minuten fertig garen. Es sollte auf keinen Fall durchgebraten werden, sondern innen rosa bleiben. Während des Garens immer wieder mit Bratensaft übergießen.

Sauce hollandaise

4 Eigelb	und
2 EL Wasser	in einem Topf mit dem Schneebesen verrühren. Im Wasserbad kräftig aufschlagen und vom Herd nehmen.
200 g zerlassene Butter	nach und nach unterrühren. Mit
Salz, weißer Pfeffer	und
1 Prise Zucker	würzen. Mit
2 EL Weißwein	und
1 EL Zitronensaft	abschmecken.

Wenn man mit einer Fleischnadel in das Fleisch sticht, soll sie lauwarm sein. Ist die Nadel kalt, ist das Fleisch roh. Ist die Nadel warm und tritt kein rosa Saft mehr aus, ist das Fleisch durchgebraten.

Die Entwicklung der Züchtung ist nicht zu übersehen.

Der Bulle muss zur Krönung – ach nein, zur Körung!

Von Gudrun Mushardt

Diese Geschichte ereignete sich Ende der 1950er Jahre. Es war üblich, dass nur ein Landwirt im Dorf einen Zuchtbullen hatte. Dorthin kamen die anderen Bauern mit ihren Kühen, damit diese befruchtet wurden und nach etwa neun Monaten ein Kalb geboren werden konnte. Dieses Zuchttier musste alle zwei Jahre zur sogenannten Körung. Als Kind habe ich immer Krönung verstanden und damit etwas Wunderschönes verbunden. Dabei wird das Tier bei der Körung einer Kommission vorgestellt, die die Zuchttauglichkeit bestätigt.
Nun war es mal wieder soweit, dass die Kommission ins Nachbardorf kam. Der Bulle wurde gewaschen und gebürstet, damit er einen guten Eindruck machte. Zwei junge Burschen sollten ihn dorthin führen. Die beiden hatten keine Lust auf den vier Kilometer langen Fußweg, da der Bulle auch bockig sein konnte. Also holten sie sich einen Trecker und liehen sich einen offenen Schweineanhänger aus. Nach mehrmaligen Versuchen gelang es, das Tier auf den Anhänger zu treiben und festzubinden. Der Trecker mit dem schwankenden Anhänger (verursacht durch das unruhige Tier) setzte sich in Bewegung und fuhr in den Nachbarort.
Die dortige Kommission begutachtete den Bullen positiv und so konnte die Rückfahrt zügig starten. Die beiden jungen Burschen waren froh, dass bis jetzt alles so gut verlaufen war. Aber dann passierte es: Der Bulle war auf dem Anhänger kleiner geworden! Wie konnte das geschehen? Der unruhige Bulle hatte den Boden des Anhängers durchgetreten und musste nun selber mitlaufen. Er wurde also abgeladen, an den Anhänger gebunden und sollte nun hinter dem Gespann herlaufen. Dies ging nun einige hundert Meter gut, dann hatte der Bulle genug. Er schmiss sich auf den Boden und nichts konnte ihn zum Aufstehen bewegen. Einer der Burschen fuhr daraufhin den Trecker mit dem leeren Anhänger nach Hause und kehrte zu Fuß zurück. Der Bulle hatte sich zwischenzeitlich erholt und so konnten sie das Tier zu Fuß zurück in den Stall bringen. Dort bekam der Bulle nach der Aufregung eine Extraportion Futter. Die beiden Burschen waren mit der Reparatur des Anhängers jedoch noch einige Zeit beschäftigt.
Heute wird noch oft über diese Geschichte geschmunzelt, wenn das Gespräch darauf kommt.

Der Zuchterfolg durch Forschung und Technik, Prachtexemplar »Moneymaker« der Holstein-Friesian Rasse

Zungenragout

1 Rinderzunge (ca. 1,5 kg)	waschen und in einen großen Topf geben.
1 TL Salz	
4 Pfefferkörner	sowie
3 Pimentkörner	
1 Lorbeerblatt	
1 Nelke	
1 TL Senfkörner	und
1 Bund Suppengrün	hinzufügen. Alles etwa 3 Stunden kochen. Die Zunge ist gar, wenn die Spitze weich ist. Die Zunge noch warm häuten, Knorpel und Fett entfernen. Die Zunge dann abkühlen lassen und in Scheiben schneiden. Die Brühe abseihen. Aus
80 g Fett	und
100 g Mehl	unter Rühren eine dunkle Mehlschwitze herstellen. Mit der Kochbrühe auffüllen. Die Soße mit
Salz, Pfeffer, Zucker	
Zitronensaft, Madeira	und
Worcestersoße	abschmecken. Dann das Zungenfleisch hinzufügen.
2 Dosen kleine Champignons (à 375 g)	ohne Flüssigkeit dazugeben.
250 g Hackfleisch (gemischt)	mit
Salz, Pfeffer	abschmecken. Kleine Klößchen formen und in Salzwasser gar ziehen lassen.
500 g Saucischen (kleine Bratwürste)	ebenfalls in dem Wasser heiß werden lassen. Dann beides zum Ragout geben. Alle Zutaten in der Soße ziehen lassen.
2 EL Paprikapulver	dazugeben und gut durchrühren. Mit
200 g Schmand	verfeinern.

Das Ragout lässt sich prima vorbereiten, einfrieren und im Backofen erwärmen. Dadurch ist das Rezept wunderbar zur Gästebewirtung geeignet.

Dazu schmecken Salzkartoffeln, Gemüseplatte und Selleriesalat.
Als Vorspeise mit Blätterteighalbmonden reichen und grünen Salat dazu servieren.

Blick vom Westberg auf Sottrum

Hackbraten mit Pfifferlingen auf dem Blech

500 g Rinderhackfleisch	in eine Schüssel geben.
30 g Zwiebeln	schälen, klein schneiden. Mit
2 EL Semmelbrösel	und
1 Ei	zum Hackfleisch geben. Mit
1,5 TL Salz, Pfeffer	würzen.
2 TL zerstoßene Wacholderbeeren	dazugeben und alles zu einem Fleischteig verkneten.

Guss

125 ml Milch	
50 g Butter	
125 ml Brühe	
125 g saure Sahne	
1 EL Preiselbeeren	und
1 Ei	miteinander verrühren.
250 g frische Pfifferlinge	säubern und klein schneiden. Ein Backblech mit
3 EL Butter	einfetten, den Fleischteig darauf verteilen und mit den Pfifferlingen belegen. Die angerührte Soße über der Masse verteilen. Im Backofen bei 200 °C etwa 45 Minuten backen.

Dazu reicht man Baguette. Statt reinem Rinderhack kann man auch gemischtes Hackfleisch (halb und halb) nehmen.

Mariensee – Fischteiche am Schloss Derneburg

Falscher Hase mit Kräutern

800 g gemischtes Hackfleisch oder Thüringer Mett	mit
2 Eier	vermischen.
1 Brötchen vom Vortag	in Wasser einweichen, gut ausdrücken und zum Mett geben.
70 g Zwiebeln	fein würfeln.
½ Bund Petersilie	
½ Bund Schnittlauch	und
1 Bund Dill	säubern, die Kräuter klein schneiden und mit dem Mett gut vermischen.
Je 2 EL ausdauernde Kresse, Schnittknoblauch	fein schneiden.
1 Rettich (ca. 20 cm lang)	putzen und raspeln. Mett mit allen Zutaten gut vermischen, mit
Salz, Pfeffer, Kräutersalz	abschmecken und zu einem ovalen, brotförmigen Kloß formen.
150 g Speckstreifen	in den Fleischteig drücken. In einem Bratentopf im Backofen bei 180 bis 200 °C etwa 40 Minuten backen.
50 g Butter	zerlassen und den Hackbraten damit bestreichen.
125 ml Brühe	
100 g Crème fraîche	und
100 ml süße Sahne	verrühren und zum Bratensaft geben. Nochmals verrühren und weitere 10 Minuten garen.

Ausdauernde Kresse: In Europa heimische und staudig wachsende Kresse, deren pfeilförmige Blätter einen pfeffrigen Geschmack beziehungsweise ein feuriges Kressearoma haben.
Als Alternative können Sie auch normale Kresse verwenden.

Die Schlossanlage der Familie von Goertz-Wrisberg, die den Mittelpunkt des Ortes Wrisbergholzen bildet, war bis zum Ende des 19. Jahrhunderts auch so etwas wie ein kulinarisches Zentrum. Davon zeugen bis heute die Festräume im Schloss: das berühmte Fliesenzimmer, in dem jede der 680 Wandfliesen ein Unikat ist, sowie der Weiße Saal mit seiner Stuckdecke.

Dicke Rippe

1,5 kg Schweinerippe	Vom Fleischer eine Tasche einschneiden lassen. Von innen und außen mit
Salz, Pfeffer	würzen.
2 – 3 Äpfel (Boskop)	schälen, entkernen und klein schneiden. Die Tasche damit füllen. Mit Spießchen zustecken oder -nähen.
1 Zwiebel	putzen und in Würfel schneiden.
Suppengrün	putzen und grob schneiden. Beides zusammen mit
3 – 4 Lorbeerblätter	sowie
250 ml Wasser	in einem Bratentopf aufkochen. Die Schweinerippe zugeben und bei 200 °C im Backofen etwa 1 bis 1,5 Stunden fertig garen.

Überbackenes Schweinefilet

600 g Schweinefilet	10 Minuten in
3 EL Butterschmalz	anbraten.
2 Zwiebeln	abziehen, würfeln und glasig andünsten. Das Filet aus der Pfanne nehmen und in Scheiben schneiden. Zusammen mit den Zwiebeln in eine gefettete Auflaufform geben.
3 saure Äpfel	schälen entkernen und in Spalten schneiden, die Zwiebeln damit bedecken.
500 ml süße Sahne	mit
3 EL Tomatenmark	und
1 TL Curry	verrühren. Mit
Salz, Pfeffer	abschmecken und über die Äpfel gießen. Mit
Reibekäse	bedecken und etwa 45 Minuten bei 200 °C backen.

Die groß angelegten Obst- und Gemüsegärten sind ein Indiz dafür, dass im Schloss von Wrisbergholzen gut gegessen wurde – und auch getrunken, denn es gab eine familieneigene Brauerei. Seltene Obst- und Gemüsesorten, die in den großen Gewächshäusern und Frühbeetkästen herangezogen wurden, brachten Variation in den Speiseplan. Mittelpunkt der Glashauskulturen war die Orangerie, ein Gebäude, das um 1840 errichtet wurde und bis heute erhalten ist.

Sauerfleisch (für 6 Personen)

750 ml Salzwasser	mit
1 Zwiebel (geschält)	
3 Lorbeerblätter	und
1 TL Pfefferkörner	aufkochen.
1 kg ausgelöstes Kotelett oder Schweinenacken	dazugeben und im geschlossenen Topf bei kleiner Hitze 1 Stunde köcheln. Die Zwiebel, Lorbeerblätter und Pfefferkörner entfernen. Fleisch und Brühe abkühlen lassen. Das Fleisch herausnehmen, in Scheiben schneiden und in eine flache Schüssel legen. Die Brühe aufheben.
12 Blatt weiße Gelatine	in kaltem Wasser 5 Minuten einweichen. Das erstarrte Fett von der Brühe heben. Die Brühe dann mit
125 ml Essig	und Wasser zu 1 Liter auffüllen. Mit
½ TL Zucker	und
Salz	kräftig abschmecken. Gelatine mit 4 Esslöffel Brühe erhitzen, bis sie sich aufgelöst hat. Unter die restliche Brühe rühren. Die Mischung über das Fleisch gießen und über Nacht im Kühlschrank fest werden lassen.

Dazu reicht man Remouladensoße auf Basis einer Mayonnaise (Rezept Seite 49) und Bratkartoffeln. Man kann 2 Möhren mitkochen und zusammen mit Gurkenscheiben und gekochten Eischeiben zum Garnieren mit in die Schale legen.

Die ehemalige Bantelner Mühle an der Leine wird heute zur Stromerzeugung genutzt.

Mayonnaise

1 Eigelb oder 1 Ei	mit
½ TL Salz	
1 TL Zucker	
1 TL Senf	sowie etwas
Zitronensaft oder Essig	auf der höchsten Stufe mit dem Handrührgerät cremig schlagen.
250 – 375 ml Öl (zimmerwarm)	tropfenweise unterschlagen. Die Menge des Öls richtet sich danach, wie steif die Mayonnaise werden soll. Wichtig ist: Alle Zutaten sollen gleich warm sein, damit die Mayonnaise nicht gerinnt.

Remouladensoße

200 g Mayonnaise (Rezept siehe oben)	herstellen. In eine Rührschüssel geben und
½ Zwiebel	fein hineinreiben.
1 mittelgroße Gewürzgurke	und
1 gekochtes Ei	in kleine Würfel schneiden. Beides mit
1 EL Kapern	dazugeben.
1 EL Kräuter (z.B. Schnittlauch, Dill, Petersilie, Zitronenmelisse, Estragon)	klein schneiden und unterheben. Mit
Salz, Pfeffer	
Senf	abschmecken. Bei Bedarf mit etwas Gurkenwasser verlängern.

Die Soße schmeckt auch sehr gut zu Fisch, kaltem Braten und gekochten Eiern.

Steinarbeiten sind für LandFrauen keine Herausforderung.

Schweinefilet mit Zitronensoße

750 g Schweinefilet	mit
Salz, Pfeffer	würzen.
75 g Butter oder 2 EL Öl	in einer Pfanne erhitzen, das Fleisch darin von allen Seiten anbraten und warm stellen.

Zitronensoße

50 g Butter	in einem Topf schmelzen.
2 TL Mehl	dazugeben. Mit
250 ml Brühe	und
4 EL Zitronensaft	unter ständigem Rühren ablöschen und alles aufkochen lassen.
200 ml süße Sahne	einrühren und 5 Minuten köcheln lassen.
3 Eigelb	mit 4 Esslöffeln der etwas abgekühlten Soße verquirlen. Den Topf von der Herdplatte nehmen und die Eigelbmischung in die heiße, nicht mehr kochende Soße einrühren. Mit
Salz, Pfeffer, Zucker	nach Geschmack abschmecken.
1 Bund Zitronenmelisse	waschen und fein hacken, zur Soße geben. Das Fleisch in Scheiben schneiden und mit der Soße servieren.

Dazu schmecken Lorbeerkartoffeln (Rezept Seite 82).

Gänse, die besten Bewacher für Haus und Hof

Hähnchen in Chilisoße

4 Hähnchenschnitzel	abspülen und trockentupfen, mit
Salz, Pfeffer aus der Mühle	bestreuen und in eine leicht gefettete Auflaufform legen.
250 g Schmand	und
½ TL Chilipulver	mischen und über die Hähnchen gießen. Im Backofen etwa 45 Minuten bei 160 °C backen.

Ergibt mit Salat und Brot eine schnelle Sommermahlzeit.

Gänsebraten

1 küchenfertige Gans (4 – 4,5 kg)	waschen, abtrocknen und innen mit
Salz	einreiben.
1 Stängel Beifuß	nach Belieben in die Gans geben.
4 – 6 Äpfel oder Maronen	schälen, entkernen und in Spalten schneiden, die Gans damit füllen und mit Zahnstochern verschließen. Mit der Brust nach unten in einen Bräter legen, Wasser zufügen und mit Deckel bei 210 °C etwa 1 Stunde braten. Danach die Gans wenden, mit einem Holzspieß an den Seiten und unter den Keulen einstechen, damit das Fett heraustreten kann. Vorsichtig nur die Haut einstechen, damit das Fleisch nicht trocken wird. Nach Bedarf Wasser dazugeben und nochmal je nach Größe der Gans 1 bis 1,5 Stunden braten. Wenn die Gans gar ist, wird sie in den Deckel des Gänsebräters gelegt. Mit Bratenfond und Salz bestreichen und bei 240 °C etwa 10 Minuten bräunen. Danach bei geöffnetem Backofen warm stellen. Den Bratenfond entfetten und daraus eine Soße herstellen. Mit
Mehl	binden. Nach Geschmack
200 g Schmand	unterrühren. Mit Wasser verlängern.

Dazu reicht man z.B. Klöße aus Pellkartoffeln (Rezept S. 79).

Der Admiral liebt den Sommerflieder.

Das Lehr- und Forschungsgut Ruthe der Stiftung Tierärztliche Hochschule Hannover

Von Dr. Christian Sürie

Direkt an der Mündung der Innerste in die Leine, ganz im Norden des Landkreises Hildesheim, liegt der kleine Ort Ruthe. Hier bewirtschaftet die Tierärztliche Hochschule Hannover seit 1961 die ehemalige Domäne Ruthe. Das heutige Lehr- und Forschungsgut ist ein vielseitiger und moderner landwirtschaftlicher Betrieb. Neben dem Anbau von Zuckerrüben, Weizen, Gerste, Raps und Silomais auf einer Ackerfläche von 175 Hektar werden 41 Hektar Grünland zur Grassilage- und Heugewinnung bewirtschaftet. Den landwirtschaftlichen Schwerpunkt bildet jedoch die Haltung von Nutztieren. In den modernen Ställen werden Milchkühe mit ihrer Nachzucht, Mutterkühe mit Kälbern, Sauen zur Ferkelerzeugung, Miniaturschweine, Legehennen, Hähnchen, Puten und Enten gehalten. Fast 30 000 Tiere leben auf dem Betrieb.

Glückliche Kälbchen

Tag des offenen Hofes auf dem Forschungsgut in Ruthe

Findling auf dem Forschungsgut in Ruthe

Alle Studierenden der Tierärztlichen Hochschule absolvieren in Ruthe ein zweiwöchiges landwirtschaftliches Pflichtpraktikum. Jedes Jahr kommen 250 Studentinnen und Studenten nach Ruthe, um alle wesentlichen Grundlagen der landwirtschaftlichen Nutztierhaltung in der Praxis zu erlernen. Fragen zur Tierhaltung und -zucht, zur Tiergesundheit und -ernährung bei Rind, Schwein und Geflügel aber auch zur Tierhygiene und Lebensmittelsicherheit stehen auf dem Lehrplan.
Außerdem absolvieren jährlich etwa 100 angehende Landwirte/-innen einen einwöchigen Fachlehrgang Nutzgeflügelhaltung in den Einrichtungen des Betriebes. Besonders attraktiv ist das Lehr- und Forschungsgut auch für Schulpraktika. Rund 15 Schülerinnen und Schüler erhalten so jährlich einen Einblick in das Berufsfeld von Landwirtschaft und Tiermedizin.
Die Forschung bildet einen weiteren Aufgabenschwerpunkt des Betriebes. Die Erprobung tiergerechterer Haltungsverfahren und Fragen zur Gesundheit der Nutztiere stehen aktuell im Vordergrund der Untersuchungen. Auch Fragen zur Fütterung, zur Zucht oder zu verschiedenen Stalltechniken werden wissenschaftlich begleitet.
Besonders engagiert sich das Lehr- und Forschungsgut Ruthe in der Öffentlichkeitsarbeit. Als ein Bestandteil der Expo 2000 in Hannover ist der Betrieb optimal dafür ausgestattet. Alle Ställe sind mit speziellen Besuchergängen und Fenstern versehen, die einen entsprechenden Einblick in die Stallungen erlauben. Seit dem Jahr 2000 haben sich mehr als 130 000 Besucher aus dem In- und Ausland auf dem Lehr- und Forschungsgut über Verfahren der modernen Tierhaltung in der Landwirtschaft informiert. Mehr als 10 000 Besucher folgen alle zwei Jahre der Einladung zum Tag des offenen Hofes. Jedes Jahr kommen mehr als 500 Schüler aus den Schulen der Region in das »Grüne Klassenzimmer«.
Ein besonders eindrucksvolles Gebäude auf dem Gelände des Gutes ist das 1891 erbaute Herrenhaus. Neben Studierenden und Praktikanten nutzen inzwischen Gäste aus aller Welt die Einrichtungen des Herrenhauses für Seminare, Tagungen oder zur Übernachtung.

Ferkelchen

Hühnerfrikassee

So lass' ich mir Hühner im Vorgarten gefallen.

1 küchenfertiges Suppenhuhn	gründlich von innen und außen waschen.
1,5 l Salzwasser	in einen Topf füllen, das Huhn ins kochende Wasser geben und 1 bis 1,5 Stunden auf kleiner Flamme kochen. Die Brühe dabei abschäumen.
1 Bund Suppengrün	putzen, waschen, klein schneiden und nach der halben Garzeit hinzufügen. Das gegarte Huhn enthäuten, zerlegen, die Knochen herauslösen und das Fleisch klein schneiden.

Soße

60 g Butter oder Margarine	im Topf zerlassen und
80 g Mehl	einrühren, unter Rühren eine Mehlschwitze herstellen. Dann nach und nach
1 l Hühnerbrühe	auffüllen. Mit
1 Prise Zucker, Salz	
Kapern	
1 EL Zitronensaft oder 2 EL Weißwein	abschmecken. Zum Schluss mit
1 – 2 Eigelb	legieren. Das grob geschnittene Hühnerfleisch hinzugeben.

Dieses klassische Hühnerfrikassee lässt sich mit Zutaten der Saison variieren, z.B. mit Spargel, Erbsen, Pilzen oder auch mit kleinen Mettklößen. Auch gut als Vorspeise in Pasteten geeignet.

Marinierte Hähnchenspieße mit Avocadocreme

Hähnchenspieße

2 mittelgroße Hähnchenbrustfilets	waschen und trockentupfen, in Würfel schneiden und auf Spieße stecken.
1 Limone	Den Saft auspressen.
1 EL Honig	und
2 EL Olivenöl	dazugeben.
2 grüne Chilischoten	waschen und klein schneiden, ebenfalls dazugeben. Mit
15 g Koriander	
1 TL Salz	
¼ TL Pfeffer	abschmecken. Die Spieße mindestens 2 Stunden in der Marinade ziehen lassen.
2 EL Butterschmalz	in der Pfanne erhitzen und die Spieße von jeder Seite 6 Minuten bei mittlerer Hitze braten.

Avocadocreme

1 Avocado	halbieren, Kern entfernen. Das Fruchtfleisch aus der Schale lösen und mit einer Gabel zerdrücken.
3 Frühlingszwiebeln	waschen und in Ringe schneiden.
1 EL Himbeeressig	mit
1 EL Olivenöl	und
125 g saure Sahne	verrühren. Mit
Salz, Pfeffer	sowie
1 EL Koriander (fein gehackt)	abschmecken. Die Soße mit dem Avocadofleisch und den Zwiebeln vermengen.

Die Spieße werden sehr gern für ein kaltes Büfett genommen.

Diese Gänse haben keine Angst vor dem Fuchs.

Lammkeule Toskana (für 6 Personen)

2 kg Lammkeule	abwaschen und trockentupfen. Kleine Einschnitte ins Fleisch schneiden.
3 Knoblauchzehen	schälen, in Stifte schneiden, die Keule damit spicken und mit
Salz, Pfeffer	würzen. Den Backofen auf 120 °C vorheizen.
4 EL Olivenöl	in einen großen Bräter geben, die Keule hineinlegen und mit
2 EL Olivenöl	beträufeln. 3 Stunden im Backofen braten. Im Abstand von 30 Minuten mit je 100 ml von
1 l Weißwein (trocken oder rosé)	übergießen.
500 g kleine Schalotten	schälen und zerteilen.
2 Zweige Rosmarin	
4 Zweige Thymian	abspülen und klein schneiden. Schalotten nach 1,5 Stunden zur Keule geben und mit
3 EL Olivenöl	beträufeln. Beides mit den Kräutern bestreuen. Den restlichen Wein nach und nach bis auf 250 ml zufügen. Das Fleisch gelegentlich mit Bratfond übergießen. Wenn es gar ist, herausnehmen, den Bratensatz mit dem restlichen Wein aufkochen, durchsieben und entfetten. Danach erneut erhitzen und
50 g kalte Butter	in Flöckchen einrühren. Mit
Salz, Pfeffer	abschmecken.

Dazu passen Stangenweißbrot oder Kartoffeln.

Stroh, Wintervorrat für die Tiere

Schafe am Ortsrand von Bledeln

Lammkoteletts mit Basilikum

8 Lammkoteletts	abspülen und trockentupfen, in
1 EL Öl	von beiden Seiten etwa 5 bis 8 Minuten braten, mit
Salz, Pfeffer	würzen, herausnehmen und warm stellen.
1 Knoblauchzehe	und
1 Zwiebel	schälen und fein hacken, im Bratenfett dünsten, mit
125 ml Wasser	ablöschen.
2 EL gehackte Petersilie	und
Basilikum, Kerbel	sowie
100 ml süße Sahne	zur Soße geben, einköcheln lassen und mit
Salz, Pfeffer	abschmecken.

Deinsen mit Blick auf Kanstein (Thüster Berg mit einer Höhe von 441 Metern)

Roter Basilikum – eine Bienenweide

Lammragout

750 g Lammfleisch aus der Keule	waschen, trockentupfen, würfeln. Mit
Salz, Pfeffer	kräftig würzen.
100 ml Olivenöl	in einem Schmortopf erhitzen und das Fleisch portionsweise darin anbraten.
75 g Tomatenmark	zugeben und kurz mit andünsten. Mit
750 ml Wasser	ablöschen. Mit geschlossenem Deckel bei mittlerer Hitze etwa 1 Stunde garen.
30 g Butter	in Flöckchen in den Sud rühren und nicht mehr kochen lassen.
1 Bund Petersilie	waschen und fein hacken.
1 Zwiebel	schälen und fein würfeln. Petersilie und Zwiebelwürfel mit dem Saft von
1 Zitrone	mischen und über das Ragout geben.

»Wer wendet sein Herz nicht gern der Zukunft zu, wie die Blumen ihre Kelche der Sonne?«
Heinrich von Kleist

Lammrücken

1,5 kg Lammrücken	unter kaltem Wasser abspülen und trockentupfen. Die dicke Fettschicht abschneiden. Mit
Salz, Pfeffer	würzen.
3 EL Olivenöl	in einem Bräter erhitzen. Das Fleisch hineingeben und 10 Minuten rundherum anbraten. Nach 5 Minuten
125 g durchwachsener Speck	würfeln und zugeben.
250 ml heiße Fleischbrühe	angießen. Den Bräter zudecken. Den Lammrücken 1 Stunde schmoren, herausnehmen und auf einer vorgewärmten Platte anrichten.

Soße	Den Bratfond durchsieben, mit
1 EL Tomatenketchup	und
1 TL getrockneter Thymian	verrühren.
1 EL Speisestärke	mit wenig Wasser in einem Becher anrühren und in die Soße geben. Aufkochen lassen und den Topf vom Herd nehmen.
125 g saure Sahne	einrühren. Abschmecken und nochmals erhitzen, aber nicht mehr kochen lassen.

Von Herzen – gegen Schmerzen, LandFrauenverein Lamspringe überbringt Kissen für die Klinik, sie helfen die Brust-OP leichter zu ertragen.

Blick über den Ambergau bis zum Brocken

Zusammengestellt von Jutta Rühmekorf

Blick in den Ambergau vom Weinberg aus

Die alte ehemalige Superintendentur in Bockenem

Der südlichste Teil des Landkreises Hildesheim, »Ambergau« genannt, ist eine historisch bedeutende Landschaft. In dem etwa zehn mal zehn Kilometer großen Becken liegen heute 18 Ortschaften, deren Zentrum und Hauptort seit dem 13. Jahrhundert die Stadt Bockenem ist.

Der älteste Teil der Innenstadt Bockenems ist der »Winkel« mit der Heiliggeist-Kapelle und dem nebenstehenden Beguinenhaus, das als städtisches Armen- und Witwenhaus ältere arme und alleinstehende Frauen beherbergte. Der Straßenzug ist von dem großen Brand im Jahr 1847, bei dem 90 Prozent der Stadt vernichtet wurden, verschont geblieben. Mit dem alten Fachwerkbestand ist Bockenem Teil der Fachwerkstraße an der Regionalstrecke »Von der Elbe zum Harz«. Die Stadtkirche Sankt Pankratius – eine gotische Hallenkirche – beherbergt eine klangstarke Engelhardt-Orgel und zeichnet sich durch hervorragende Akustik aus. Die aus dem 16. Jahrhundert stammende ehemalige Superintendentur gilt als das Wahrzeichen der Stadt. Der Kulturladen Bockenem mit der zugehörigen Kulturscheune und dem Hofgarten lädt neben vielen kulturellen Veranstaltungen zu seinen weithin bekannten »Serenaden im Hof« ein.

Die Beckenlandschaft des Ambergaus mit ihrem fruchtbaren Ackerboden ist umgeben von den bewaldeten Höhenzügen des Hebers, der Harplage sowie des Wein- und Hainberges, die man in jeder Richtung durchwandern kann. Der Weinberg befindet sich oberhalb von Nette. Von hier bietet sich den Besuchern ein unvergleichlicher Blick über den Ambergau – oft bis zum Harz – mit dem Brocken im Mittelpunkt. Im Hainbergwaldgebiet liegen auch die Bodensteiner Klippen, eine Sandsteinformation, die sich über etwa einen Kilometer hinzieht und aus mehreren Einzelfelsen besteht, darunter die Sofaklippe.

Die Landwirtschaft prägte auf Grund der guten Lösslehmböden von jeher das Bild des Ambergaues. So weitete sich auch hier, wie auf den fruchtbaren Böden des

Hildesheimer Landes, der Anbau der Zuckerrübe ab 1860 schnell aus und erwies sich fortan als ungemein gewinnbringend.
In Bockenem gründeten Landwirte zusammen mit einigen Kaufleuten 1873 die Aktien-Zuckerfabrik Bockenem, die im damaligen Amtshaus beurkundet wurde. Die Zuckerrübenfabrik produzierte über 100 Jahre lang bis 1977. Auf den guten Böden der Region dominieren bis heute Weizen und Zuckerrüben. In Bockenem haben sich heute jedoch auch zahlreiche mittelständische Betriebe angesiedelt. Das mit Abstand größte Unternehmen Meteor – und damit der wichtigste Arbeitgeber – fertigt Dichtungen, vorwiegend für die Autoindustrie. Der Hochofen in Bornum am Harz ist heute in Norddeutschland ein einzigartiges Industriedenkmal. Er konnte in seiner ursprünglichen Bauweise kopmplett erhalten werden. Der erste Anstich erfolgte im Jahr 1727 und der Hochofen ist einer der ersten überhaupt.
Lohnend ist auch der Besuch von Mechtshausen, wo Wilhelm Busch sein letztes Lebensjahrzehnt verbracht hat und auf dessen Friedhof er beigesetzt wurde. Im ehemaligen Konfirmandenraum des Pfarrhauses kann man sich mit einem Film über das Leben des berühmten Zeichners und Dichters informieren, seine Bücher erwerben und die damaligen, bewohnten Räume von Wilhelm Busch besichtigen. In einer kleinen Caféteria werden Kaffee und Kuchen angeboten.

Quellen: Klaube, Manfred/Rüdiger, Dieter: Längs der Nette – Streifzüge durch den historischen Ambergau, Alfeld 2013
Stadt Bockenem/Druckerei Lühmann: Zahlen, Daten, Fakten; 2011
Stadt Bockenem: Bockenem die Stadt mit Herz & Hanse, 2014

St. Hubertus, Schutzpatron der Jäger und seiner Hunde. Das Relief wurde 1729 am Eingang der Hubertus Kapelle im Hainberg an der Kreisstraße zwischen Sehlde und Volkersheim in den Fels gemeißelt. Die in den Fels gehauene Kapelle diente den Jägern als Weihestätte und existiert bis heute.

Bis 1966 wurden in Bockenem Glocken gegossen.

Uhrenmuseum in Bockenem

Gebackener Wildschweinrücken mit Preiselbeersoße

Gebackener Wildschweinrücken

3 l Wasser	in einem großen Topf erhitzen.
4 Lorbeerblätter, 10 Pfefferkörner	
3 TL Salz	
10 Wacholderbeeren	
3 EL Essig	und
1 Bund Suppengrün	dazugeben und aufkochen.
2 kg Wildschweinrücken mit Knochen	darin 1,5 bis 2 Stunden garen und in der Brühe erkalten lassen. Dann den Wildschweinrücken herausnehmen, auslösen, wieder auf das Knochengerüst setzen und auf eine Fettpfanne legen. Für die Kruste
1 EL Zucker	
40 g Butter	und
1 TL Zimt	in der Pfanne anbräunen.
300 g geriebenes Vollkornbrot	und
100 ml Brühe	dazugeben und vermischen.
1 Ei	verquirlen und den Wildschweinrücken damit bepinseln. Mit der Brotmasse einpacken. Bei 180 °C etwa 35 bis 40 Minuten in der Fettpfanne überbacken.

Dazu schmecken grüne Bandnudeln.

Preiselbeersoße

400 g Preiselbeeren	und
150 – 200 ml Wasser	zusammen aufkochen.
1 EL Speisestärke	mit
1 EL Wasser	verrühren und die Soße damit binden. Die Soße mit etwas
Zucker	abschmecken.

Die Brühe kann für Eintöpfe und Suppen verwendet oder eingefroren werden.

Oma- und Enkelausflug der LandFrauen

Rehkeule aus dem Hainberg (Ambergau)

> Dazu Salzkartoffeln und Rotkohl servieren.

1,5 kg Rehkeule mit Knochen	Die Keule mit
1 TL gerebelter Majoran	
1 TL gerebelter Thymian	und
1 TL gehackter Rosmarin	sowie
Salz, Pfeffer	einreiben. Die Rehkeule dann mit
100 g dünne Speckscheiben	belegen. Etwa
3 EL Speiseöl	im Bräter erhitzen und die Rehkeule zugeben. Im Backofen bei 180 °C etwa 1 Stunde braten.
150 ml Wildfond oder Brühe	nach und nach zugießen.
1 Zwiebel	abziehen, klein schneiden.
100 g Möhren	putzen in Scheiben schneiden und
150 g Porree	putzen und in Scheiben schneiden. Das Gemüse zum Fleisch geben und weitere 60 bis 90 Minuten braten. Das fertig gegarte Fleisch etwa 10 Minuten ruhen lassen und anschließend in Scheiben schneiden. Bis zum Verzehr in Alufolie gewickelt warm stellen, damit es nicht austrocknet. Die Soße durchsieben, mit
2 EL Tomatenmark	
125 ml Rotwein	und
250 ml Wildfond	aufkochen.
Speisestärke	mit Wasser anrühren und die Soße damit binden.

Buchenwald im Ambergau

Reichlich Wild im Hainberg

Rehrücken mit Sahnesoße

1 Rehrücken	parieren, mit
Salz, Pfeffer	kräftig einreiben.
125 g Butterschmalz	erhitzen und den Rehrücken mit der kochend heißen Butter übergießen, damit sich die Poren schließen. Den Rehrücken in einen Bräter geben und bei 180 °C im Backofen 30 Minuten bräunen.
125 g Knollensellerie	und
125 g Möhren	putzen und klein schneiden.
125 g Zwiebeln	abziehen, würfeln und zum Braten geben. Nochmals 1,5 Stunden im offenen Bräter braten. Dabei immer wieder mit Bratensaft begießen. Nach den 1,5 Stunden eine Garprobe machen. Den fertigen Rehrücken aus dem Bräter nehmen, auf eine Platte legen und warm stellen. Den Bratensaft mit etwas Wasser ablöschen und durch ein Sieb geben.
250 ml Rotwein	sowie
10 Wacholderbeeren	hinzufügen und die Soße reduzieren lassen.
125 ml süße Sahne	und
2 EL Kirschwasser	zugeben. Die Soße eventuell mit etwas Mehl binden.

Als Beilagen eignen sich sehr gut Semmelknödel (Rezept Seite 82) oder Klöße (Rezept Seite 79) und Birne mit Preiselbeeren oder Rotkohl.
Durch die heutigen »Hilfsmittel« lässt sich der Braten auch einfacher zubereiten: Den Rehrücken in einer Bratfolie (Bratschlauch) garen. Dadurch spart man sich das Begießen.
Das Gericht eignet sich auch für ein kaltes Büfett. Das Fleisch wird ausgelöst und wieder auf den Knochen angerichtet. Dazu kann Cumberlandsoße (Rezept Seite 88) gereicht werden.

Mischkultur im Nutzgarten als vorbeugender Pflanzenschutz

Rotter Wildsuppe

50 g Graupen (feine)	abspülen und in einem extra Topf in Wasser etwa 20 Minuten vorkochen.
500 g Fleisch vom Reh oder Wildschwein (z.B. vom Hals, Rippe)	vom Knochen lösen und in mundgerechte Stücke schneiden, in einen großen Topf geben.
1 Bund Suppengrün	und
2 mittelgroße Kartoffeln	schälen, putzen, in kleine Würfel schneiden und dazugeben.
2 l Wasser	
2 Lorbeerblätter	
5 Pimentkörner	
5 Wacholderbeeren	sowie
1 Brühwurfel, Salz	ebenfalls zum Fleisch geben und die vorgekochten Graupen dazugeben. Alles etwa 1 Stunde köcheln lassen.

Man kann das Fleisch auch mit den Knochen garen und es erst am Schluss vom Knochen lösen und in kleine Fleischstücke schneiden, die man dann wieder zur Suppe gibt. Wenn's schnell gehen soll, alle Zutaten im Schnellkochtopf 7 bis 10 Minuten kochen.

Aus Waldrebe gebunden

Wildschweinragout

5 Wacholderbeeren	zerdrücken. Die Beeren mit
4 Pimentkörner	und
2 EL Essig	in
1 l Buttermilch	geben und zu einer Marinade verrühren.
1 kg Wildschweingulasch	dazugeben und über Nacht in der Marinade lassen. Danach das Fleisch herausnehmen und trockentupfen.
300 g Zwiebeln	abziehen, würfeln und in
4 EL Öl	andünsten, das Fleisch dazugeben. Mit
Salz, Pfeffer	
Majoran	
2 EL Paprikapulver	würzen und gut durchrühren.
375 ml Fleischbrühe	mit
125 ml Rotwein	mischen. Das Fleisch damit ablöschen und etwa 1,5 Stunden schmoren. Nach der Garzeit eventuell Flüssigkeit ergänzen. Etwas Wasser mit
2 EL Mehl oder Stärke	anrühren und die Soße damit andicken.

Der Rotwein kann durch Glühwein mit seinen typischen Gewürzen ersetzt werden.

Aus welchem Material ist der Kranz? Hier wurde Raps gebunden.

Überall im Landkreis Hildesheim leuchten im Mai die Rapsfelder, hier Deinsen mit Blick auf den Külf.

Wildbraten

2 kg Wildbraten (Wildschwein oder Reh)	waschen, abtrocknen, häuten und in
5 EL Rapsöl	von allen Seiten im Bräter anbraten. Mit
Salz, Pfeffer	kräftig würzen. Das Fleisch mit
10 Speckscheiben (geräuchert)	bedecken.
2 Zwiebeln	abziehen, klein schneiden und zusammen mit
6 Wacholderbeeren	
6 Pimentkörner	und
3 Lorbeerblätter	in dcn Brätcr geben.
200 ml Wasser	zugießen und zugedeckt etwa 1,5 Stunden bei 220 °C im Backofen braten.

Die Soße kann nach Belieben mit süßer oder saurer Sahne und Rotwein verfeinert werden.

Rapsfeld am Ortsrand von Bledeln

Bledelner Kirche mit der ältesten Glocke im Landkreis Hildesheim

Feines Fischragout

1 mittelgroße Zwiebel	schälen, würfeln und in
2 EL Olivenöl	anbraten.
3 EL Mehl	darüberstäuben und anschwitzen, mit
250 ml Gemüsebrühe	ablöschen und
125 ml süße Sahne	zugießen.
250 g Lachsfilet	und
500 g Kabeljaufilet	waschen und trockentupfen und in Würfel schneiden. In der Soße etwa 10 Minuten gar ziehen lassen. Mit
Salz, Pfeffer	und
2 EL Zitronensaft	abschmecken.
100 g Kirschtomaten	und
100 g TK-Erbsen	zum Schluss unter das Ragout heben.

Statt süßer Sahne kann man fettreduzierte Kochsahne verwenden.

Trauerweide im Winter ...

Gebratenes Fischfilet mit Kartoffel-Gurken-Ragout

Kartoffel-Gurken-Ragout

750 g Kartoffeln	schälen und in 2 cm große Würfel schneiden.
100 g Zwiebeln	
100 g Gewürzgurken	und
200 g Senfgurken	fein würfeln.
30 g Butter	erwärmen, bis diese aufschäumt. Die Zwiebeln darin andünsten, mit
20 g Mehl	bestäuben und mit
200 ml Gemüsefond	und
250 ml süße Sahne	ablöschen. Die vorbereiteten Kartoffeln dazugeben und mit
Salz, weißer Pfeffer	abschmecken. Das Ragout bei milder Hitze etwa 20 Minuten garen. Dann
20 g Kapern	und die vorbereiteten Gurken sowie
2 EL Zitronensaft	hinzufügen.
1 Bund Dill	hacken,
½ Bund Schnittlauch	fein schneiden und beides zugeben.

Fischfilet

600 g Fischfilet	säubern, portionieren, mit
Zitronensaft	säuern und mit
Salz, Pfeffer	würzen. Für die Panade
2 Eier	verquirlen. Das Fischfilet erst durch die Eimasse ziehen, anschließend in
Paniermehl oder Mehl	wenden. In einer Pfanne in
Fett	goldgelb braten.

... und im Herbst

Das Norddeutsche Lachszentrum in Gronau (Leine)

Von Günter Ohnesorge, Gronau

Das Lachszentrum ist die zentrale Einrichtung des Leine-Lachs e.V. zur Wiederansiedlung des atlantischen Lachses und der Meerforelle in der Leine und ihren Nebenflüssen.
Die Frage, ob man im Lachszentrum Lachse für die Küche kaufen kann, muss ich verneinen. Wir entnehmen der Leine geschlechtsreife Lachse und Meerforellen, die bereits mindestens einmal die lange Wanderung in den Atlantik bis Island, Norwegen und sogar bis an die Südspitze von Grönland gemacht haben und nach fünf bis acht Jahren wieder in die Leine zurückgekommen sind, um dort abzulaichen. Diese Fische können bis zu 140 Zentimeter groß und etwa 35 Kilogramm schwer werden. Wir fangen sie, um den Laich der Weibchen und die Milch der Männchen zu gewinnen. In unserer Brutanlage werden sie etwa 100 Tage betreut, bevor sie dann als 10 Millimeter große Fischlarven das Licht der Welt erblicken. Danach werden sie von uns mit viel Aufwand umsorgt, bis sie etwa 5 Zentimeter groß sind, selbstständig fressen und gute Schwimmer geworden sind. Dann setzen wir sie in der Leinestrecke von Northeim bis in die Aller bei Schwarmstedt aus. Seit Beginn

Der Engelbrechten'sche Hof von 1590. Im heutigen Museum sind ständig wechselnde Ausstellungen zu sehen.

Gronau/Leine mit den zahlreichen Leinearmen. Die Lachse und Meerforellen werden hier wieder angesiedelt.

unseres Projektes im Jahr 2000 haben wir so mehr als 1 200 000 junge Lachse und rund 150 000 Meerforellen ausgesetzt.

Der Lachs ist der Wanderfisch! Um seine Wanderung vom Süßwasser in den Atlantik und wieder zurück in die Leine zu schaffen, ist es erforderlich, seinen Wanderweg im Süßwasser durchgängig zu machen. Wir haben von Northeim bis in die Aller zehn Wasserkraftanlagen, die als Querbauwerke in den vergangenen Jahrzehnten eine Wanderung unmöglich gemacht haben. Deshalb liegt neben der Fischzucht der Schwerpunkt unserer Arbeit darin, zusammen mit den Wasserkraftbetreibern einen durchgängigen Wanderweg zu schaffen. So werden die Querverbauungen mit Fischaufstiegs- und Fischabstiegshilfen versehen, die es den Wanderfischen ermöglichen, ihre gefahrvolle Reise zu meistern. Wenn es der Wasserstand der Leine zulässt, können Lachse und Meerforellen seitdem die Leine durchwandern.

Ein weiterer Arbeitsschwerpunkt ist die Öffentlichkeit. Denn nur, wenn die Menschen die Probleme von Lachs und Meerforelle kennen, haben sie Verständnis für unsere Arbeit. Die Öffentlichkeitsarbeit wird ebenfalls im Lachszentrum angeboten. Dort kann man bei Führungen Lachse in verschiedenen Größen auf Augenhöhe in mehreren Aquarien besichtigen und sich von den ehrenamtlichen Helfern über das Leben der Lachse informieren lassen.

Das Wiederansiedlungsprojekt ist ein Projekt der Angler! Sie wollen erreichen, dass der Lachs einen sich selbst produzierenden Bestand in der Leine und ihren Nebengewässern aufbaut und wie vor 150 Jahren ein häufig anzutreffender Fisch wird, der dann auch mit der Angel gefangen werden kann.

Lachsroulade mit Tomatencarpaccio

Lachsroulade

300 g TK-Blattspinat	auftauen und ausdrücken, mit
3 Eigelb	
½ TL Backpulver	
Salz, Pfeffer	pürieren.
3 Eiweiß	steif schlagen und unterheben. Die Masse auf ein mit Backpapier ausgelegtes Backblech streichen und etwa 10 Minuten bei 180 °C backen.
150 g Meerrettich-Frischkäse oder Kräuterfrischkäse	auf die noch lauwarme Teigplatte dünn aufstreichen. Mit
200 g Räucherlachs	belegen. Die belegte Teigplatte vorsichtig von der Längsseite her aufrollen (nicht zu locker) und dabei vom Backpapier ablösen. Die Rolle in Frischhaltefolie einwickeln und 3 bis 4 Stunden im Kühlschrank durchziehen lassen. Zum Servieren in etwa 16 dicke Scheiben schneiden.

Tomatencarpaccio

3 – 6 Tomaten	in Scheiben schneiden. Mit
1 EL Olivenöl	und
2 – 3 EL Balsamico-Essig	beträufeln. Mit
Salz, Pfeffer, Basilikum	würzen.

Die Lachsrouladenscheiben mit dem Tomatencarpaccio servieren.

Ab 1901 konnte man vom Bahnhof Almstedt in die große weite Welt fahren. Im heutigen Museumsbahnhof Almstedt-Seegeste finden regelmäßig Feste zum Thema »Eisenbahn von anno dazumal« statt.

Lachstorte

Mürbeteig

200 g Mehl	mit
125 g Butter	
1 Ei	
je 1 Prise Salz, Zucker	und
1 EL Wasser	zu einem Mürbeteig verkneten und in eine Springform (Ø 26 cm) geben. Einen etwa 3 cm hohen Teigrand formen. Den Boden mehrmals mit einer Gabel einstechen.

Belag und Guss

150 g Schmand	und
1 – 2 TL Meerrettich aus dem Glas	nach Geschmack verrühren und auf dem Teigboden verteilen.
400 g geräucherter oder frischer Lachs	in Streifen schneiden und auf die Creme geben. Für den Guss
2 Eier	mit
1 EL Mehl	
125 ml Milch	und
125 ml süße Sahne	verrühren. Mit etwas
Zitronensaft	
Dill	und
Pfeffer, Salz	nach Geschmack würzen. Die Soße verrühren und über die Lachsstreifen geben. Im Backofen bei 180 °C etwa 20 bis 30 Minuten backen.

Die Lachstorte wird mit frischem Dill oder Petersilie verziert.

Eine Attraktion: sind die Schnupperfahrten für Groß und Klein. Einen zweiten Bahnhof erhielt Almstedt bei der Errichtung der ICE Strecke Hannover-Würzburg 1991 als Überholstation für schnellere Züge. Nur können die Almstedter Bürger diese zwei Bahnhöfe nicht zum Start in die weite Welt nutzten.

Söhlde – das Kreidedorf im Landkreis Hildesheim

Von Hannelore Plumeyer

Im Osten unseres Landkreises – angrenzend an die Landkreise Peine, Salzgitter und Wolfenbüttel – liegt das Kreidedorf Söhlde.

Südlich des Dorfes zieht sich ostwestlich in einem lang gestreckten Bogen von Barbecke über Söhlde nach Nettlingen ein Kreidehöhenzug, der Söhlder Berg. Vor über 70 Millionen Jahren war dieses Land überflutet. Die Grenze zwischen Wasser und Festlandscholle war fließend. Und in diesem Schwankungsbereich lagerten sich maritime Schichten ab – die heutige Kreide.

Vor Jahrhunderten wurde die Kreide als Baumaterial für den Innenausbau der damals üblichen Fachwerkhäuser genutzt. Heutzutage werden die Kreideschichten durch Sprengung gelockert und die Kreide wird im Anschluss im Tagebau gewonnen. Unter der oberen, weißen Kreide lagern in unteren Schichten in geringen

Hervorragende Kreide wird in Söhlde abgebaut.

Mengen Kalke und Mergel, die zum Düngen und zum Kalken von sauren Wäldern genutzt werden. Andernorts gewonnener Kalk kann für den Straßenbau als Betonbeimischung verwendet werden. Der Söhlder Kalk ist jedoch aufgrund seiner weichen Beschaffenheit und Frostempfindlichkeit sowie wegen seines Wassergehaltes von zehn bis zwölf Prozent als Straßenbaumaterial nicht geeignet.
Alles begann vor fast 200 Jahren! Im Jahr 1817 heiratete der Landwirtssohn und Glaser Christoph Behrens aus Groß Lafferde Henriette Bock, Tochter des Landwirtes und Gastwirtes Bock, der auch Beauftragter der Zollnebenstelle in Söhlde war. Fenster wurden bis dahin vorwiegend bleiverglast, und der Glaser Behrens kam durch den Kreidesteinbruch seines Schwiegervaters 1862 auf die Idee, die weiche Kreide zu zerkleinern und diese als Grundstoff für Fensterkitt zu nutzen. Dieser sollte die Bleiverglasung weitgehend ersetzen. Doch die ersten Versuche, Kitt herzustellen, waren nicht zufriedenstellend: Er war brüchig und nicht frostsicher. Immer intensiver beschäftigte sich Behrens mit verschiedenen Techniken, die Kreide fein zu vermahlen, um auf diese Weise brauchbaren Fensterkitt zu erhalten. Diese Bemühungen zur Herstellung von Fensterkitt aus Kreide können als Beginn der Kreideindustrie in Söhlde bezeichnet werden. Kurz vor der Jahrhundertwende (1898) gab es in Söhlde bereits 14 Windmühlen, von denen zwölf Kreide mahlten und lediglich zwei dem Mahlen von Getreide dienten. Über die Jahre wuchs eine Großindustrie heran, die mittlerweile Werke in Lägerdorf (Schleswig-Holstein) und auf Rügen einschließt. Schlammkreide, Düngekalk, Flintsteine und Heilkreide sind Beispiele heutiger Produkte.
Am Deutschen Mühlentag, der jährlich am Pfingstmontag stattfindet, hat jeder in Söhlde Gelegenheit, die letzte der einst 14 Mühlen – die historische Holländer Kreidewindmühle der Familie Carl Behrens aus dem Jahr 1862 – in Funktion zu erleben und nähere Informationen über die historische Kreideverarbeitung zu erhalten.
Im Mai 1955 legte der Unternehmer und Stifter Heinrich Dammann den Grundstein für die Vereinigten Kreidewerke Dammann KG. Die Firma beschäftigt heute rund 200 Personen. In dem Kreidewerk in Söhlde sind rund 90 Mitarbeiter beschäftigt.
Die Söhlder Kreidevorräte umfassen rund 33 Millionen Tonnen, von denen jährlich 500 000 Tonnen abgebaut werden. Die Vorräte reichen noch etwa 50 Jahre.
Das Ehepaar Ortrud und Heinrich Dammann gründete 1991 eine kirchliche Stiftung. Mit den Erträgen unterstützt sie christliche und weltliche Jugendprojekte, entsprechend dem Vermächtnis des Ehepaares.

Die Söhlder Fastnachtsfrauen ziehen jedes Jahr in einem selbstgenähten fantasievollen Kostüm mit einem Akkordeonspieler ums Dorf, klingeln an den Haustüren und sammeln für einen guten Zweck. 2014 zeigten sie eine Auswahl ihrer Kostüme.

Pochierter Lachs mit Weißwein-Sahnesoße (für 12 Personen)

1 frischer Lachs (küchenfertig, ca. 4 kg)	waschen, abtrocknen, mit
Salz, schwarzer Pfeffer aus der Mühle	von innen und außen würzen.
2 ungespritzte Zitronen	in Scheiben schneiden.
2 Bund Dill	waschen und zusammen mit den Zitronenscheiben in den Fisch füllen. Extra dicke Alufolie auf ein Backblech legen, 2 Tassen auf die Folie stellen und den Lachs mit der offenen Seite (Bauchseite) über die Tassen stülpen. Die Folie mit flüssiger
Butter	bestreichen und hochklappen. Von
2 Flaschen Weißwein (à 700 ml)	1,5 Flaschen angießen, die Folie locker um den Fisch schlagen und sehr fest verschließen. 1 Stunde bei 200 °C Umluft im Backofen pochieren. Den Lachs aus der Folie nehmen und auf einer großen ovalen Platte anrichten. Mit
Dill, Zitronenscheiben	garnieren.

Weißwein-Sahnesoße

3 – 4 Schalotten	pellen, fein würfeln und in einem Topf trocken etwas anbraten. Mit
1 l Weißwein	ablöschen und um ein Drittel einreduzieren lassen.
1 l süße Sahne	angießen und wieder reduzieren. Mit
Salz, weißer Pfeffer aus der Mühle	
1 Prise Zucker	abschmecken. Vor dem Servieren
250 g Butter (eiskalt)	in Würfel schneiden und unter die Soße schlagen. Nicht mehr kochen lassen. Ganz zum Schluss noch mit
1 Schuss Noilly Prat	verfeinern.

Noilly Prat kann durch Sherry, Marsala oder Wermut ersetzt werden. Dazu reicht man Blattspinat und Petersilienkartoffeln.

Fischteich im Bledelner Rotten

Rucola-Fisch-Gratin

> Durch die Säure (Essig oder Zitronensaft) festigt sich das Fischfleisch. Bei gefrorenem Fisch kann das Säuern entfallen.

4 kleine Zwiebeln	pellen und fein würfeln.
1 Bund Petersilie	fein hacken. Von
75 g Rucola	die groben Stiele entfernen, fein hacken.
5 EL Paniermehl	
1 Ei	und
4 EL Crème fraîche	mit den Zwiebeln und Kräutern mischen.
800 g Fischfilet	in 4 Teile teilen, säubern und mit
Essig, Salz, Pfeffer	nach Geschmack würzen. Den Fisch in eine Auflaufform legen und die Rucolamasse darauf verteilen.
2 EL Senf	mit
100 ml süße Sahne	
200 ml Gemüsebrühe (instant)	und
2 TL Speisestärke	glatt rühren. Mit
Salz, Pfeffer, Paprikapulver	würzen. Die Soße um den Fisch herumgießen. Den Backofen auf 200 °C vorheizen und den Fisch 20 Minuten garen. Mit etwas
Dill	garniert servieren.

Die Innerste bei Heinde

Currylinsen mit gedünstetem Gemüse

Currylinsen

200 g rote Linsen	waschen und abtropfen lassen.
3 Zwiebeln	schälen und würfeln.
1 Knoblauchzehe	schälen, durchpressen.
10 g Ingwer	schälen und reiben.
2 EL Butter	in einem Topf erhitzen und alle Zutaten darin andünsten. Mit
1 TL Curry	
1 TL Kurkuma	würzen.
600 ml Gemüsebrühe	dazugeben und 25 bis 30 Minuten garen.

Gedünstetes Gemüse

100 g Zucchini	waschen und in Würfel schneiden.
100 g rote Paprikaschote	waschen, schälen und würfeln.
100 g Petersilienwurzel	putzen und würfeln.
2 EL Butter	in einem Topf erhitzen und das Gemüse andünsten.
100 ml Gemüsebrühe	dazugeben. Mit
Salz, Pfeffer	abschmecken. Die Currylinsen auf einer tiefen Platte anrichten. Das Gemüse darübergeben.
100 g saure Sahne	mit etwas
Obstessig	verrühren und darauf verteilen.
Oregano, Basilikum	klein schneiden und darüberstreuen.

Auch das sind Bohnen, Sorte »Ying und Yang«.

Rikus-Garten – die Vielfalt macht es.

Kartoffelklöße aus gekochten Kartoffeln

1,5 kg Kartoffeln	kochen, pellen und noch heiß durch die Kartoffelpresse geben (oder kalte Pellkartoffeln reiben).
4 Toastscheiben	in kleine Würfel schneiden (1 cm) und in
50 g Butterschmalz	in der Pfanne rösten.
2 Eier	
20 g Salz	etwas
Muskat	
80 g Mehl	sowie
50 g Kartoffelmehl	mit der Kartoffelmasse verkneten, eine lange Rolle formen und davon gleichmäßige Stücke abschneiden. Diese in der Mitte mit gerösteten Bröseln füllen und mit bemehlten Händen runde Klöße formen
2 l Wasser	mit
1 TL Salz	zum Kochen bringen, die Klöße im Wasser bei offenem Topf 10 Minuten gar ziehen lassen. Wenn sie oben schwimmen, sind sie fertig.

Man kann die Klöße auch aus kalten, geriebenen Pellkartoffeln herstellen. Schmeckt auch delikat, wenn übrige kalte Klöße in dünnen Scheiben geschnitten, in Butterschmalz gebraten werden.

Etwas andere Kartoffelsorten: Rote Emmalie und Blaue Schweden

Hansa – eine alte Kartoffelsorte

Mit Pauken und Trompeten in den Beeten ...

Von Jürgen Zinke

Wir stellen Theater auf die Beine! Und das meinen wir wörtlich! Wir lassen es laufen! Mitten durch den Wald und über die Wiese! Dieses Theater ist nichts für Stubenhocker. Es ist für den Klapphocker. Den klemmt man sich unter den Arm und wandert von Spielort zu Spielort, durch Wald und Feld. Die Natur wird zur Spielfläche, die so groß ist wie das Blickfeld des Publikums. Die Zuschauer sind mitten drin. In Wanderschuhen und mit Thermoskanne sind sie für die 3,5-stündige Theaterwanderung bestens gerüstet ...
Seit mehr als 20 Jahren treffen sich hier ganze Vereine, Familien und Einzelpersonen, um an den Wochenenden »Rache für Rosa«, »Aste Rix in Astenbeck«, »Bulls«, »Das doppelte Karottchen« oder »Piraten!« zum Besten zu geben. Und die Freude am Spiel hat sich bis heute gehalten. Schauen Sie selbst! Ergattern Sie sich einen der begehrten Klapphocker und wandern Sie mit! Wann die nächsten Veranstaltungen laufen, erfahren Sie zum Beispiel im Internet beim Heersumer Landschaftstheater (Forum für Kunst und Kultur e.V., Heersum).

Kräuter-Kartoffelgratin

1 kg Kartoffeln	roh schälen und mit dem Gemüsehobel in dünne Scheiben hobeln.
300 ml Milch	und
200 ml süße Sahne	aufkochen. Mit
1 TL Salz, Pfeffer	
Muskatnuss	würzen. Die Kartoffelscheiben dazugeben und nochmals kurz aufkochen.
1 – 2 Handvoll Wildkräuter (z.B. Giersch, Knoblauchrauke, Brennnessel, Schnittlauch)	waschen, trockenschleudern, klein schneiden, zu den heißen Kartoffeln geben und anschließend in eine Auflaufform füllen.
150 g Reibekäse	darüberstreuen und im vorgeheizten Backofen bei 180 bis 200 °C etwa 20 bis 30 Minuten backen. Vor dem Servieren mit
5 Stängel gehackte Petersilie	bestreuen.

Forum Heersum – auf geht's zum nächsten Bühnenbild.

Semmelknödel (für 12 Personen)

12 Brötchen vom Vortag	in feine Scheiben schneiden und in eine Schüssel geben.
3 EL Zwiebeln	sehr klein schneiden.
3 EL Petersilie	fein hacken.
6 EL Butter	in einem Topf zerlassen, die Zwiebelwürfel darin anschwitzen, die Petersilie dazugeben und kurz mitschwitzen. Dann alles über die Semmelscheiben geben und 30 Minuten durchziehen lassen.
375 ml lauwarme Milch	aufgießen und untermengen. Die Masse 1 Stunde durchziehen lassen.
6 Eier	untermischen. Mit
Salz	abschmecken und zu einem Teig verkneten. Eine Rolle formen und diese mit einem Messer in gleichmäßige Stücke teilen. Die Stücke mit feuchten Händen zu Klößen formen.
4 l Wasser	Mit
½ TL Salz	zum Kochen bringen. Einen Probekloß hineingeben. Fällt er auseinander, noch Paniermehl zum Teig geben. Die Klöße im siedenden Salzwasser bei offenem Topf etwa 10 Minuten gar ziehen lassen, bis sie oben schwimmen.

Die Klöße schmecken zu Rinderbraten. Übrige Klöße können in Scheiben geschnitten und in Butter gebraten werden.

Lorbeerkartoffeln

16 kleine Kartoffeln (mit Schale)	waschen, abtrocknen und einmal längs eine Kerbe einritzen. Mit
Salz, Pfeffer	würzen.
16 Lorbeerblätter	in die Kerbe stecken.
6 EL Oliven- oder Rapsöl	in einer ofenfesten Form auf der Herdplatte erhitzen, vom Herd nehmen. Kartoffeln nebeneinander hineinstellen und im vorgeheizten Backofen bei 180 °C etwa 1 Stunde goldbraun backen.

Kartoffelernte vor 50 Jahren

Backofengemüse

1,5 kg Kartoffeln	schälen und in grobe Würfel schneiden, in eine Fettpfanne geben und mit
125 ml Öl	beträufeln. Die Kartoffeln mit
Salz	und
Rosmarin	würzen und 30 Minuten bei 200 °C im Backofen garen.
2 rote und 2 grüne Paprikaschoten	sowie
3 rote Zwiebeln	putzen beziehungsweise pellen und grob zerschneiden, zu den Kartoffeln geben und nochmals 30 Minuten im Backofen garen.

Buttermilchkartoffeln

Auf Bledelner Platt: Bottermelksarabalasse

500 g mehlig kochende Kartoffeln	schälen und mit etwas Salz als Salzkartoffeln kochen. Wasser abgießen und eventuell die Kartoffeln stampfen. Mit
Salz, Pfeffer	abschmecken.
1 l Buttermilch	hinzufügen und aufkochen.
150 g Speck	in Würfel schneiden und ausbraten.
2 – 3 Zwiebeln	in Ringe schneiden und goldgelb braten. Speck und Zwiebeln über die Kartoffeln geben.

Ein altes Rezept, das gern gekocht wird, wenn es schnell gehen soll. Dazu gibt es Spiegeleier.

LandFrauen bitten zu Tisch ... Kulturbankett der Lebenshilfe auf dem Marktplatz in Hildesheim. Natürlich sollte auch etwas Gutes auf dem Tisch stehen. LandFrauen wissen, was saisonal und regional heißt. Es gab der Saison entsprechend Spargelcocktail, Pastorenfleisch und Rosmarinkartoffeln sowie Erdbeeren mit Vanillecreme. Rege Gespräche über aktuelle Themenbereiche schlossen sich an.

Sauerkrautpizza

Teig für den Boden

125 g Quark	in eine Schale geben. Mit
4 EL Milch	
4 EL Öl	
1 Ei	
1 gestr. TL Salz	und
1 Prise Zucker	verrühren.
250 g Mehl	mit
1 Pck. Backpulver	unter die Quarkmasse kneten. Den Teig in eine runde, gefettete Springform (Ø 26 cm) geben und den Rand ein wenig hochziehen.

Belag

4 EL Tomatenmark	mit
2 EL Öl	verrühren.
1 kleine Zwiebel	und
2 Knoblauchzehen	abziehen und würfeln. Zum Tomatenöl geben alles verrühren. Mit
Salz, Pfeffer	abschmecken und auf dem Teig verteilen.
400 g Sauerkraut	und
300 g Kochschinken (klein geschnitten)	auf dem Teig verteilen. Dann mit
200 g Tomatenhälften	belegen.
125 g Gouda oder Emmentaler	reiben und die Pizza damit bestreuen. Den Backofen auf 225 °C vorheizen und die Pizza auf mittlerer Schiene etwa 25 Minuten backen.

Nach Geschmack 125 g Kräuter-Crème-fraîche, gefüllte grüne Oliven oder Petersilie auf der gebackenen Pizza verteilen.

Hühner und Hahn haben den Garten erobert ...

Schafkäsekuchen mit Roten Rüben

150 g Mehl	
1 Ei	
75 g Butter	und
1 Prise Salz	zu einem Knetteig verarbeiten. Falls nötig, etwas Wasser zugeben und 30 Minuten kühl ruhen lassen. Den Teig in eine Tarteform (Ø etwa 22 cm) geben und mit einer Gabel einstechen.
400 g Rote Bete	garen, schälen und in dicke Scheiben schneiden, auf dem Teig verteilen.
1 rote Zwiebel	in Scheiben schneiden und in der Pfanne mit
1 EL Pflanzenöl	leicht anschwitzen.
1 TL brauner Zucker	sowie
2 EL Balsamico-Essig	zugeben und leicht karamellisieren lassen. Mit
Salz, Pfeffer	nach Geschmack würzen.
150 g Schafkäse (weich)	würfeln und mit
400 ml süße Sahne	
4 Eier	
1 EL Thymian (frisch)	vermischen und über die Rote Bete verteilen. Im Ofen etwa 30 bis 40 Minuten goldbraun backen (Ober-/Unterhitze 200 °C, Umluft 180 °C).

Der Weißstorch hat keine Angst vor dem Schlepper (Fuhseaue).

Sicherlich findet sich hier bald ein Besucher ein.

Zum Wohle aller – ein Dorfladen entsteht

Von Tita von Rössing

Wir leben gerne auf dem Land, wissen aber, dass es unerlässlich ist, Bleibeperspektiven zu entwickeln. Das umfasst Maßnahmen zur Infrastruktur genauso wie die Sicherstellung einer wirtschaftlichen Basis für Familien. Das folgende Beispiel zeigt eine Möglichkeit des bürgerlichen Engagements.

Als im Januar 2012 das letzte Lebensmittelgeschäft in Rössing seine Türen schloss, war für eine kleine Gruppe engagierter Bürger vor Ort schnell klar, dass es so nicht bleiben konnte. Die Idee, einen Dorfladen zu betreiben, begann deshalb langsam zu reifen. Welch langer Weg aber von der Idee bis zur Eröffnung vor den drei Initiatoren liegen sollte, konnte damals niemand erahnen.

Nach einer ersten Dorfversammlung ging es – gestärkt durch den überwältigenden Zuspruch aus der Bevölkerung – in die Planungsphase. Viele Dorfläden von nah und fern wurden besucht, Ämter nach den Genehmigungsvoraussetzungen befragt, ein Betreibermodell ausgetüftelt, Lieferanten gesucht, Rechtsanwälte und Steuerberater konsultiert und Finanzierungsmöglichkeiten erörtert. Durch den Kauf von Anteilen am zu errichtenden Dorfladen wurde ein Teil der Finanzierung sichergestellt. Auch ein Name für den neuen Dorfladen war schließlich gefunden: Rnah (gesprochen Erna) – für »Rössinger Nahversorger« und sprachlich angelehnt an den Begriff »Tante Emma«. Doch die Finanzierung blieb weiterhin eine große Herausforderung, denn öffentliche Fördergelder konnten nicht in Anspruch genommen werden. Die zugesagten Treugeber-Gelder reichten weder für eine professionelle Renovierung noch für die Anschaffung neuer Kühl- und Gefriergeräte, zumal etwa 20 000 Euro zurückgestellt werden mussten, um die Erstausstattung des Ladens mit Ware zu finanzieren. Hier traten nun zahlreiche Rössinger auf den Plan, die sich in den verschiedensten Gewerken ehrenamtlich am Umbau beteiligten. Firmen und Einzelpersonen aus der näheren Umgebung halfen großzügig und fleißig mit und es entstand ein heller, freundlicher, topmoderner Mini-Supermarkt.

Nach eineinhalbjähriger Vorbereitungs- und Umbauzeit konnte der Rössinger Dorfladen »Rnah« dann endlich am 15. Mai 2014 die Ladentür öffnen. Seither bietet er ein für das kleine Dorf sehr umfangreiches Sortiment an. Guten Anklang findet auch Rnahs kleiner Cafébereich, der zum Plausch und zum Verschnaufen einlädt. Die Lebensqualität im Ort hat sich nicht zuletzt hierdurch enorm erhöht.

Wenn Sie nun anfangen, die wunderbaren Rezepte dieses Kochbuches auszuprobieren, denken Sie bitte immer daran: Die regionalen Läden leben durch Ihren Einkauf! Die meisten Zutaten werden Sie sicherlich in bester Qualität und zu einem fairen Preis in Ihrem Dorfladen finden. Wir wünschen Ihnen »gutes Gelingen« bei der Zubereitung!

Rnah – Rössinger Nahversorgung

Steinpilzgratin

25 g getrocknete Steinpilze	in
125 ml Wasser (warm)	mindestens 20 Minuten einweichen.
750 g Kartoffeln	schälen, dünn hobeln.
3 Lauchzwiebeln	putzen, waschen, in Ringe schneiden und mit
20 g Butter	in einer Pfanne dünsten und die Steinpilze hinzufügen.
250 ml süße Sahne	mit dem Einweichwasser der Pilze an die Zwiebeln gießen, aufkochen und 10 Minuten köcheln lassen. Mit
Salz, Pfeffer	abschmecken.
1 Bund Petersilie	waschen, klein hacken und unter die Sahnemischung rühren. Eine Gratinform mit etwas
Butter	ausfetten und die gehobelten Kartoffelscheiben einschichten. Die Pilzsoße darübergießen und mit
75 g Parmesan (gerieben)	bestreuen. Das Gratin bei 200 °C etwa 40 bis 45 Minuten backen.

Rennstieg – in den Sieben Bergen. Der Rennstieg wird immer noch als eine herrliche und gut ausgeschilderte Wanderstrecke empfohlen und gern gegangen. Der Wanderer, der die Höhen des Hildesheimer Waldes überstiegen hat und sich bei Eberholzen der Vorberge zuwendet, wird hier auf diesen alten Kurierweg stoßen, der im Volksmund Rennstieg genannt wird. In früheren Zeiten galt er als der direkte Verbindungsweg zwischen der Bischofsstadt Hildesheim und der im südlichen Sackwald gelegenen Winzenburg.

Der Steinpilz, auch Herrenpilz genannt

Cumberlandsoße

Hannover war britisch bis in die Soßen. Die berühmte Cumberland wurde für die Hoftafel des Herzogs Ernst-August von Cumberland kreiert. Sie ist der beste Beweis dafür, das Ernst-August mit seinen Köchen mehr Glück hatte als mit seinem Thron. Den durfte er nie besteigen, weil sich die Preußen das Königreich Hannover einverleibten.

1 Schalotte	schälen und sehr fein schneiden. Die Schale von
½ Orange	in sehr feine Streifen schneiden (die weiße Haut unbedingt entfernen, sie ist bitter).
3 EL Rotwein	in einem Topf erhitzen und die Orangenschalen darin bei milder Hitze ziehen lassen. Anschließend erkalten lassen.
250 g Johannisbeergelee	mit
1 TL Senfpulver (ersatzweise scharfer Senf)	
Salz, Cayennepfeffer	und
1 Msp. Ingwerpulver	abschmecken und in die kalte Rotweinmischung rühren.
1 Schuss Portwein	zugeben und abschmecken.

Die Cumberlandsoße ist die klassische Soße zu kaltem Fleisch, zu kalten Pasteten und vor allen Dingen zu Roastbeef (Rezept Seite 42) und zu Wild, wobei der Rehrücken (Rezept Seite 64) noch besonders hervorzuheben ist.

Jeder Garten muss richtig gewässert werden.

Schnippelbohnengemüse mit eingelegten Heringen

1 kg Schnippelbohnen aus dem Glas	auf einem Sieb abtropfen lassen.
750 g mehlig kochende Kartoffeln	schälen und in kleine Stücke schneiden, etwa 10 Minuten mit etwas Flüssigkeit kochen, dann die Bohnen dazugeben. Mit
Pfeffer, Salz	würzen.
250 g Räucherspeck	in kleine Würfel schneiden und vorsichtig in einer Pfanne anbraten.
1 – 2 Zwiebeln	schälen, würfeln, zum Speck geben und glasig werden lassen. Die Mischung zu den Kartoffeln und Bohnen geben. Den Gabeleintopf mit
Essig, Zucker	süßsauer abschmecken.

Dazu werden in Essigsud eingelegte Heringsfilets gereicht.
Wer möchte, kann den Gabeleintopf auch mit mehr Flüssigkeit kochen und mit Würstchen oder einem dicken Pfannkuchen servieren.

Vorbreitung für Schnippelbohnen-Eintopf

Hildesheimer Erbsensuppe (für 6 Personen)

Erbsensuppe

2 kleine Möhren	
1 Petersilienwurzel	und
½ Stange Porree	waschen, putzen und in kleine Würfel schneiden.
600 g frische Erbsen	aus der Schote palen.
1,5 l Wasser	in einem Topf zum Kochen bringen.
½ TL Salz, 1 Prise Zucker	
1 EL Butter	sowie
1 TL gekörnte Gemüsebrühe	zufügen und das vorbereitete Gemüse darin etwa 10 Minuten halb gar kochen, dann die Erbsen dazugeben und weitere 10 Minuten kochen.

Grießklößchen

Diese Suppe ist nur von richtiger Hildesheimer Art, wenn sie mit den Grießklößchen gemacht wird.

250 ml Milch	in einem Topf erhitzen.
½ TL Salz	und etwas
Pfeffer, geriebene Muskatnuss	sowie
15 g Butter	zugeben.
125 g Hartweizengrieß	in die kochende Milch einrühren und so lange weiterrühren, bis sich der Grieß vom Topfboden löst.
2 Eier	nacheinander unterrühren. Mit zwei angefeuchteten Teelöffeln aus der Masse Grießklößchen formen. Die Klößchen in die heiße Suppe geben und 15 Minuten ziehen lassen. Kurz vor dem Servieren noch mit
1 Bund gehackte Petersilie	verfeinern.

Knochenhauer Amtshaus am Hildesheimer Markplatz – beim Markttag gibt es regionale Zutaten.

Hildesheimer Rose (für 8 bis 10 Personen)

700 ml Weißwein	und
4 EL Zucker	erwärmen.
12 Blatt rote Gelatine	nach Packungsanweisung einweichen und im warmen Wein-Zucker-Gemisch auflösen. Das Weingelee auf zwei Schalen verteilen, fest werden lassen.
8 Eigelb	
3 Pck. Vanillezucker	und
2 EL Zucker	zu einer Creme verrühren.
8 Blatt weiße Gelatine	nach Anweisung auflösen und unter die Creme ziehen.
8 Eiweiß	mit
1 TL Zucker	steif schlagen, unter die Eigelbmasse ziehen. Diese zweite Schicht auf die erste, fest gewordene Schicht verteilen.
500 ml süße Sahne	und
1 EL Zucker	steif schlagen. Diese letzte Schicht auf die Schalen verteilen und mit
Schokoladenraspel	verzieren.

Der Dom mit vielen Kunstwerken aus 1200 Jahren Geschichte, seit 1985 UNESCO-Welterbe

Kartoffeln und Birnen (Himmel und Erde)

1 kg Kartoffeln	schälen und in kleine Stücke schneiden. In
500 ml Wasser	mit etwas
Salz	und
50 g Butter	bissfest kochen.
750 g Birnen	schälen, in mundgerechte Stücke schneiden. In einem extra Topf mit
250 ml Apfelsaft	bissfest garen. Die gegarten Kartoffeln und Birnen mischen (mit der Flüssigkeit) und mit
80 g Zucker	und etwas
Zitronensaft	abschmecken. Wer mag, kann
2 EL Essig	dazugeben.

Dazu schmecken Würstchen oder gebratene Leber von Schwein oder Rind.

Obst und Gemüse aus den hiesigen Gärten zum Erntedankfest

Kochen und Küche im Haus Benscheidt

Vom Marketing Weltkulturerbe Fagus-Werk

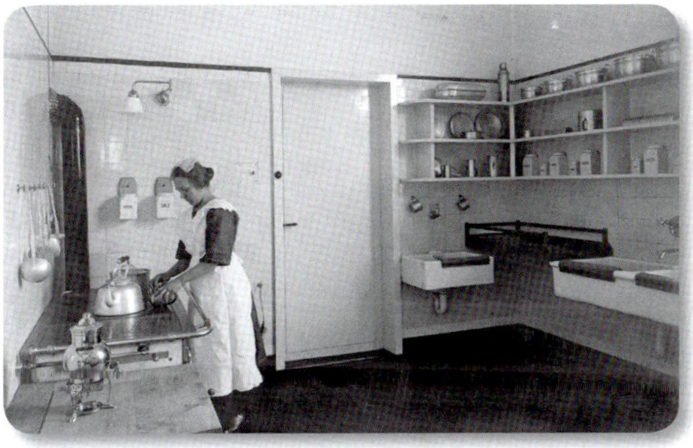

Walter Gropius gestaltete die Küche im Hause Benscheidt um.

UNESCO-Welterbe Fagus-Werk in Alfeld – in der Ausstellung sind jetzt auch die Schuhe von Brigitte Scherb (Bundesvorsitzende der LF) zu bestaunen.

Frau Jahn (geb. Benscheidt) lebt über 90-jährig heute in Alfeld und erinnert sich gerne an die Kindheit im Haus Benscheidt, das sich in der Kaiser-Wilhelm-Straße in Alfeld befindet. Um die Jahrhundertwende wurde das Haus im damaligen Stil von dem Alfelder »Musikdirektor Robert Linnarz« (dem späteren Schwiegervater von Karl Benscheidt) errichtet. Als 1914 Elsa Linnarz und Karl Benscheidt heirateten, zogen sie in dieses Haus, welches dann ab 1920 von dem später berühmten Architekten Walter Gropius auf eine völlig neue moderne funktionelle Art umgestaltet wurde. Gekocht wurde in der Küche, deren Einrichtung aus den Gropius-Werkstätten in Dessau stammte. Die Gestaltung der einzelnen Küchenmöbel fiel durch schlichte, helle Flächen auf. Diese Kücheneinrichtung aus den 1920er Jahren befindet sich heute im Original in der Fagus-Gropius-Ausstellung im UNESCO-Welterbe Fagus-Werk. Frau Jahn erzählt, dass sie sich als Kinder schon immer sehr gerne in dem großen Garten am Haus aufhielten, in dem sich zahlreiche verschiedene Apfelbäume befanden und gleichzeitig auch ein großer Gemüseanbau. In der damaligen Zeit wurden auch im Haus Benscheidt die eigenen Gartenprodukte genutzt, da es auf dem Alfelder Marktplatz noch kein Marktgeschehen, wie wir es heute kennen, gab. Es gab jedoch schon zu der Zeit den »berühmten« Gemüseladen von Frau Gemke. Frau Jahn erinnert sich, dass die eigenen Kartoffeln und Gemüsesorten auch sehr oft für Eintopfgerichte verwendet wurden. So berichtet sie, dass der Eintopf »Buntes Huhn« ein beliebtes Gericht war. Das Rezept besteht aus Möhren, weißen Bohnen, Suppengrün und Kartoffeln mit etwas Wasser, Essig und Salz und dazu geräucherter Bauchspeck.

Ein weiteres beliebtes Rezept war die Spezialität »Himmel und Erde«. Man kochte Kartoffeln und Äpfel zusammen, die in großen Mengen im eigenen Garten vorhanden waren. Dazu kamen Zwiebeln, Salz, Öl, etwas Muskat, ein wenig Milch sowie gute Butter. Auch Rotwurstscheiben wurden dazu gereicht.

Niedersächsische Hochzeitssuppe
(für 16 Personen)

> Das Hühnerfleisch als Frikassee oder Geflügelsalat weiter verwenden.
> Das Rindfleisch ergibt mit einer Meerrettichsoße eine leckere Mahlzeit oder es kann eingefroren werden.

Fleischbrühe	Am Vortag eine Brühe kochen. Dazu
1 Suppenhuhn (küchenfertig)	
500 g Suppenfleisch vom Rind	und
1 Suppenknochen	in einen Topf mit
4 l Wasser (kalt)	geben.
1 Stange Porree	
150 g Knollensellerie	und
150 g Möhren	jeweils putzen und in Stücke schneiden.
2 Zwiebeln	abziehen und unzerteilt mit dem vorbereiteten Gemüse zum Fleisch in den Topf geben.
3 Lorbeerblätter	hinzufügen. Nun den Herd einschalten. Sobald alles kocht, die Hitze klein stellen und mit
Salz	würzen. Die Brühe etwa 4 Stunden köcheln und eventuell den Schaum abschöpfen oder durch ein feines Haarsieb geben.

Ein Hochzeitspaar

Eine Blüte der Rose »Nostalgie«

Fleischklößchen

500 g Thüringer Mett	
1 Ei	und
2 EL Paniermehl	mit
Salz, Pfeffer	zu einem Teig verkneten und kleine Fleischbällchen formen. In einem extra Topf Wasser zum Kochen bringen. Die Hitze reduzieren, die Fleischbällchen hineingeben und ziehen lassen, bis sie an der Oberfläche schwimmen. Auf einem Sieb abtropfen. lassen.

Eierstich

8 Eier	mit
500 ml Milch	verrühren und mit
Muskat, Salz	abschmecken. In einen Gefrierbeutel oder eine gebutterte Form geben und in einem Wasserbad etwa 30 bis 40 Minuten gar ziehen lassen. Den Eierstich in kleine Würfel schneiden.

Fertigstellung

½ Kopf Blumenkohl	in sehr kleine Röschen schneiden.
200 g Möhren	putzen, in Scheiben schneiden.
200 g TK-Erbsen	bereitstellen.
1 Stange Porree	gründlich waschen und in Scheiben schneiden.
350 g Spargel	klein schneiden. Jede Gemüsesorte nun einzeln in einem extra Topf bissfest kochen.
250 g Suppennudeln	nach Packungsanweisung kochen. Alle vorbereiteten Zutaten (Fleischbällchen, Eierstich, Gemüse) nun in die heiße Fleischbrühe geben. Nicht mehr kochen lassen.

Hildesheimer Rosenbrötchen

500 g Mehl	in eine Schüssel sieben.
60 g weiche Butter	in die Mitte geben.
125 g Zucker	
125 ml lauwarme Milch	
40 g Hefe	
1 Prise Salz	sowie etwas abgeriebene Schale von
1 ungespritzte Zitrone	
1 Ei	und
100 g klein gehackte Cranberries	zugeben und zuerst mit den Knethaken der Küchenmaschine, dann mit den Händen zu einem Hefeteig verkneten. 30 Minuten gehen lassen. Den Teig dann fingerdick ausrollen und
150 g Butter	in Flöckchen darauf verteilen. Den Teig dreimal zusammenfalten, ausrollen und nochmals zusammenfalten, eine lange Rolle formen und 18 bis 20 Stücke abteilen. Diese auf ein gefettetes Backblech legen und jedes Teil kreuzweise einritzen. Mit etwas
Milch	bepinseln. Noch einmal 20 Minuten gehen lassen. Anschließend 15 bis 20 Minuten bei 200 °C goldbraun backen.

Statt Cranberries kann man auch gehackte Nüsse oder Mandeln nehmen.

Rosen in Muttis Garten

Auf der Rosenroute Hildesheim erkunden

Welfenspeise

Die Welfenspeise erhielt ihren Namen durch die Farben des Adelsgeschlechts der Welfen (weiß-gelb) und ist eine kulinarische Spezialität aus Niedersachsen, die früher bei keinem Festessen fehlen durfte.

500 ml Milch	Die Hälfte davon mit
45 g Speisestärke	verrühren.
50 g Zucker	und die restliche Milch mit
1 Pck. Vanillezucker	in einen Topf geben und aufkochen. Von der Kochstelle nehmen und unter ständigem Rühren die angerührte Speisestärke dazugeben. Die Creme auf der ausgeschalteten Kochplatte unter ständigem Rühren 2 bis 3 Minuten kochen lassen.
4 Eiweiß	steif schlagen. Eischnee unter die Creme heben und auf 4 Dessertgläser verteilen oder in eine Glasschale geben. Kalt stellen.
4 Eigelb	
75 g Zucker	
1 EL Zitronensaft	
250 ml Weißwein	und
10 g Speisestärke	in einen Topf geben. Bei schwacher Hitze so lange schlagen, bis die Masse zu kochen beginnt. Sofort vom Herd nehmen, kurz weiter schlagen, bis sie etwas abgekühlt ist. Den Weinschaum auf die erkaltete Creme gießen und kühl stellen.

Eine Mauer aus verschiedenen Gesteinsarten – Hundertwasser im eigenen Garten

Zinnien bekommen Besuch.

Hildesheimer Pumpernickel

> Vorrat in einer Blechdose trocken aufbewahren.

250 g Butter	mit
750 g Zucker	und
1 Pck. Vanillezucker	schaumig rühren.
6 Eier	nacheinander hinzufügen und unterrühren.
625 g Mehl	unterheben.
200 g geriebene Walnüsse	und
200 g Zwiebackbrösel	einrühren und mit
je 1 Prise gemahlene Nelken, Zimt	abschmecken. Den Teig in Portionen teilen und in langen Stangen auf ein gefettetes Blech setzen. Die Stangen plattdrücken.
1 Ei	mit
2 EL Milch	verquirlen und die Stangen damit bestreichen. Im vorgeheizten Backofen bei 180 °C etwa 15 bis 20 Minuten hellbraun backen. Nach dem Backen noch heiß in Streifen schneiden.

St. Michaeliskirche, UNESCO-Weltkulturerbe in Hildesheim

Der gepumpte Nickel

Von Klaus Beste, Stadtcafé Beste

Original Pumpernickel aus Hildesheim

Gern erzählte mir meine Großmutter die Geschichte vom Hildesheimer Pumpernickel. Dem Bäckermeister August Beste klagte um 1840 eine sehr arme Kundin ihre Not. Sie hatte elf Kinder und die Zwillinge sollten ihren Geburtstag feiern. Da ihr Mann als Tagelöhner nur zwei Nickel verdiente, war das Geld knapp, auch wenn der Pastor aus der Jakobikirche noch einen Nickel dazugab.

Der Bäckermeister überlegte sehr lange, er musste sich ein ganz preiswertes Rezept einfallen lassen. Butter, Milch und Eier waren zu teuer, also rührte er einen Teig aus Mehl, Wasser, Backtrieb (Pottasche), Mandelgrieß, Krumen von Kuchenrändern, Zimt und Nelken an. Nun rollte er den Teig aus. Den von den Backblechen abgekratzten, verbrannten, braunen Zucker kochte er mit etwas Wasser auf, bestrich den Teig damit und legte ihn aufs Backblech (er erfand so nebenbei Zuckercouleur). Nach dem Backen glänzte das Gebäck so toll, dass es so aussah, als hätte man teure Eierstreiche benutzt – es schmeckte knusprig und lecker. August Beste nannte sein Gebäck Pumpernickel, da es mit dem gepumpten Nickel aus der Jakobikirche bezahlt wurde.

Die Geburtstagsfeier wurde ein großer Erfolg, schnell sprach sich herum, was es in der armen Familie für ein leckeres Gebäck gegeben hatte. Die wohlhabenden Bürger bestürmten den Bäckermeister mit Aufträgen. Dieser verfeinerte sein Pumpernickelrezept, indem er anstatt Mandelgrieß gehackte Mandeln nahm. Nun kostete es auch keinen Nickel mehr, sondern einen Taler. So wurde aus einem Armeleutekeks die berühmte Hildesheimer Spezialität. Diese Erfindung machte aus ihm einen angesehenen, wohlhabenden Bäckermeister. Jedes Jahr am Geburtstag der Zwillinge spendete August Beste nun den Keks für die Feier.

Noch heute ist der Hildesheimer Pumpernickel ein leckerer Keks und ein beliebtes Mitbringsel bei Besuchern aus aller Welt.

Feta-Tomaten-Ecken

250 g Filoteig oder Strudelteig (Fertigteig)	in 8 cm große Quadrate schneiden.
100 g Butter	schmelzen und den Teig damit bestreichen.
1 gelbe Paprikaschote	waschen, halbieren, putzen und klein würfeln.
275 g getrocknete Tomaten in Öl	Öl abgießen und die Tomaten in Würfel schneiden.
400 g Fetakäse	klein würfeln. Paprika, Tomatenstücke und Fetakäse in eine Schüssel geben.
250 g Crème fraîche mit Kräutern	mit
2 TL Speisestärke oder 1 Ei	verrühren, dazugeben und unterheben. Die Masse auf die Quadrate streichen, zu Dreiecken falten, nochmal mit
Butter	bestreichen und bei 180 °C etwa 20 Minuten backen.

Schinkenhörnchen

250 g Blätterteig	ausrollen und mit einem Tortenteiler Tortenstücke ausschneiden. An der breiten Seite Mit
3 EL Dijonsenf	bestreichen.
125 g Schinken	würfeln, auf den Senf geben und von der breiten Seite her aufrollen.
2 EL Milch	mit
1 Eigelb	verquirlen, die Hörnchen damit bestreichen. Im Backofen bei 200 °C etwa 10 Minuten backen.

Marktplatz in Gronau mit Matthäikirche im Hintergrund. Philipp Furtwängler erbaute 1859 eine Orgel mit 58 Registern.

Frischkäse-Wildkräuter-Creme

200 g Frischkäse	mit
200 g Schmand	und etwas
Mineralwasser	verrühren.
2 EL Petersilie	
2 EL Schnittlauch	
1 EL Giersch (frisch, klein)	
1 EL Vogelmiere	und
1 EL Dill	waschen, trockenschleudern, klein schneiden. Anschließend mit
Salz, Pfeffer	sowie
einige Tropfen Zitronensaft	unter die Frischkäse-Creme rühren. Dann
200 ml geschlagene Sahne	unterheben. Zuletzt
1 EL kalt auflösende Gelatine	unter die Masse geben. Die Creme etwa 1 Stunde bis zur weiteren Verwendung kalt stellen.

Dazu passen Bärlauchbrötchen (Rezept Seite 161).

Die Creme kann z.B. in kleine, mundgerechte Windbeutel gefüllt werden (Rezept Seite 107, ergibt dann etwa 50 Stück).
Die Wildkräuter sparsam verwenden, da der Geschmack sehr intensiv ist.

Schloss Söder, Haupteingang

Käse im Glas

Für 7 bis 8 Gläser à 250 ml

15 Wacholderbeeren	leicht zerdrücken und in eine Schale geben. Von
2 Zweige Rosmarin	die harten Stiele entfernen.
1 geh. TL Estragon	frisch hacken. Beides mit
1 geh. TL Thymiannadeln	und
Pfeffer aus der Mühle	mit in die Schale geben. Von
2 rote Peperoni	die Kerne entfernen, klein schneiden und mit den anderen Kräutern mischen.
500 g Fetakäse, Schaf- oder Ziegenkäse	würfeln. Die Käsewürfel mit den Kräutern in ein Glas einschichten und mit
ca.1 l Rapsöl oder Olivenöl	auffüllen, bis der Käse bedeckt ist. Das Glas verschließen und mindestens 24 Stunden marinieren lassen. Nach 3 Wochen schmeckt er am besten.

Gekühlt hält sich der Käse 4 Wochen.

Die Archidiakonatskirche St. Martin zu Lühnde, Ummeln und Wätzum ist eine der Urpfarreien der Hildesheimer Diözese. Sie ist vermutlich in ihren Ursprüngen etwa 1000 Jahre alt. Die erste zurückverfolgbare urkundliche Erwähnung stammt vom 11. Mai 1117 als die Abtrennung des Dörfchens Evern von der Mutterkirche in Lühnde erfolgte.

Mini-Galettes mit Basilikumpesto

Basilikumpesto

Kräuter (z.B. Petersilie, Basilikum, etc.)	verlesen, Stiele entfernen, waschen und auf einem Küchentuch trocknen. Dabei eventuell mehrmals umdrehen, damit kein Restwasser vom Waschen vorhanden ist. Die Kräuter hacken oder in der Küchenmaschine zerkleinern und anschließend wiegen.
Tafelsalz (10 % des Kräutergewichts)	mit den zerkleinerten Kräutern vermischen. In saubere Schraubgläser füllen und mit
Sonnenblumenöl oder Olivenöl	auffüllen. Die Kräutermasse muss mit Öl bedeckt sein. Die Gläser mit Deckeln verschließen.

Mini-Galettes

200 g Blätterteig	Die Blätterteigplatten nebeneinander legen und zur doppelten Größe ausrollen. Daraus Quadrate von 8 cm Größe schneiden. Mit
50 g Basilikumpesto	bestreichen.
20 Kirschtomaten	waschen, halbieren und mit
Salz, Pfeffer	würzen.
2 EL Milch	mit
1 Eigelb	verquirlen und die Ränder damit bestreichen. Auf die Hälfte zusammenfalten und die Päckchen nochmal mit der Eimasse bestreichen. Auf ein Backblech setzen und im Backofen bei 200 °C etwa 10 Minuten backen.

Man kann zusätzlich Parmesan und gemahlene Pinienkerne (oder andere Nüsse nach Geschmack) erst kurz vor Verwendung zum Pesto geben.
Die Gläser kühl und dunkel lagern. Sie sind etwa 6 Monate haltbar. Bitte auf das Verfallsdatum des Öls achten.

Die Bernwardstür im Hildesheimer Dom ist eine Bronzetür um das Jahr 1015 mit biblischem Figurenschmuck.

Trüffelbutter

500 g Butter (gute Qualität)	erwärmen, bis sie weich (nicht flüssig) ist.
50 g Burgunder- oder Sommertrüffel	in die Butter reiben und gründlich verrühren. Mit
je 1 Msp. Salz, Pfeffer, Curry	und
1 TL Rinderbrühe (eingekochtes Konzentrat)	abschmecken. Ein paar Tropfen
Anislikör	hinzugeben und ebenfalls sorgfältig einarbeiten. Etwas
Butter	in der Pfanne zergehen lassen.
1 Msp. Knoblauch	zerdrücken, hinzugeben und anschwitzen, bis er glasig ist. Kurz etwas abkühlen lassen, dann mit in die Masse geben.

Butter in kleine Gläschen mit Schraubdeckel füllen und ins Gefrierfach stellen. Trüffelbutter ist eine hervorragende Möglichkeit, das Trüffelaroma zu konservieren. Tiefgefroren hält sie sehr lange und kann je nach Bedarf verwendet werden. Sie schmeckt am besten zu Pasta, Kartoffeln oder Rührei ... oder einfach nur aufs Weißbrot.

Trüffeln im Leinebergland

Von Fabian Sievers

Man verbindet mit Trüffeln meist unbezahlbare Edelpilze aus Frankreich und Italien, in der Annahme, so etwas Wertvolles gäbe es nicht bei uns in Deutschland. Doch nicht wenige würde es wundern, was da ohne ihr Wissen direkt vor ihrem Haus, im Garten, an der Allee oder der Nachbarshecke so still und heimlich gedeiht. Die Burgunder- oder Sommertrüffel (Tuber aestivum varietas uncinatum) zählt zu unseren häufigsten Pilzen überhaupt, doch diese Wiederentdeckung steckt noch in den Kinderschuhen und es wird sicherlich etwas dauern, bis ein neues »Trüffelbewusstsein« in Deutschland aufkeimt.

Das Leinebergland bietet durch seine Geologie hervorragende Standorte für Trüffeln. Das ist eigentlich keine neue Entdeckung, denn bereits vor etwa 300 Jahren wurde hier nach den kostbaren, unterirdisch wachsenden Pilzen gesucht.

Aufzeichnungen belegen, dass bereits 1727 in den Osnabrücker Kalkbergen nach Trüffeln gesucht wurde. Man nimmt

»Whoopee!« – Trüffelsuchhunde werden nicht einfach so geboren.

Trüffel wachsen jetzt auch im Leinebergland.

an, dass sich die Jagd nach den unterirdischen Schätzen von dort aus ins Leinebergland und den Solling verbreitete. Damals noch eine Kuriosität, belegen alte Pachtverträge für Trüffeljagden um das Jahr 1850, dass die Suche nach Trüffeln bereits professionell praktiziert wurde und schon damals eine recht große wirtschaftliche Rolle spielte. Die Oberförsterei in Alfeld erzielte allein im Jahr 1893 rund 1100 Mark durch die Verpachtung von Trüffeljagden. Funde alter Aufzeichnungen eines Trüffelgroßhändlers aus Everode weisen darauf hin, dass allein dieser bis zu 1000 Kilogramm Trüffeln jährlich umgesetzt hat.

Deutschland war seinerzeit eine Trüffelexportnation – es wurden sogar Königshäuser bis nach Frankreich beliefert – und das Leinebergland gehört nach wie vor zu den produktivsten und artenreichsten Trüffelhochburgen in der gesamten Bundesrepublik.

Das Sammeln wilder Trüffeln ist heute verboten. Nachdem beide Weltkriege das Wissen um unsere heimischen Trüffeln förmlich ausgerottet haben, suchte auch niemand mehr nach ihnen, sodass man 1986 schließlich entschied, pauschal alle Trüffeln auf die Rote Liste zu setzen und somit unter Artenschutz zu stellen. Man glaubte fest daran, Trüffeln in Deutschland seien selten und somit schützenswert, was jedoch nicht auf alle Arten zutrifft; insbesondere nicht auf die Sommer- und Burgundertrüffel!

Heutzutage stammen etwa 90 Prozent des weltweiten Trüffelbedarfs von Trüffelplantagen. Seit fast 40 Jahren werden in Frankreich Trüffeln auf Plantagen kultiviert. Spanier, Italiener, Schweizer und Österreicher zogen nach, während die Deutschen erst jetzt, ganz langsam, aus ihrem Tiefschlaf erwachen. Um Trüffeln zu kultivieren, pflanzt man die mit dem Pilzmycel beimpften Bäumchen und ... wartet. Acht bis zehn Jahre kann es dauern, bis die ersten Fruchtkörper ausgebildet werden. Doch dann ist eine Trüffelplantage über Jahrzehnte hin produktiv und jedes Jahr kann aufs Neue geerntet werden. Im Leinebergland gab es 2014 schätzungsweise zwischen fünf und zehn Hektar Trüffelplantagen. Die »Dunkelziffer« mag höher sein, denn auch heute noch versuchen die meisten Anbauer ihre »verrückte Idee«, mit dem »schwarzen Gold« zu experimentieren, möglichst geheim zu halten.

Buchenwälder – ob Sieben Berge, Duinger Berg

Parmesan-Crissini-Stangen

> Zum Melonen-Käsesalat reichen (Rezept Seite 13).

100 g Mehl	mit
50 g weiche Butter	
25 g frisch geriebener Parmesan	
4 EL kaltes Wasser	
1 Msp. Salz	sowie
1 TL Thymianblättchen, gehackt	zu einem Teig verkneten und 30 Minuten ruhen lassen. Aus dem Teig 8 cm lange, bleistiftdicke Stangen formen. Auf ein mit Backpapier ausgelegtes Blech legen und bei 200 °C etwa 12 Minuten backen.

Mini-Saltimbocca

300 g Schweinefilet	in 8 Scheiben (etwa 1 cm) schneiden.
16 Salbeiblätter	und die Filetscheiben in
8 Schinkenscheiben	einrollen. Mit
Salz, Pfeffer	würzen.
1 TL Zitronensaft	mit etwas
ungespritzte Zitronenschale	
125 g weiche Butter	und
2 EL grüne Pfefferkörner	vermengen und die Päckchen damit bestreichen. Im Backofen bei 200 °C etwa 8 Minuten backen.

Salbei

Windbeutel mit Sahne
(ergibt etwa 12 bis 15 Windbeutel)

Windbeutel

250 ml Wasser	mit
60 g Butter	und
1 Prise Salz	aufkochen.
150 g Mehl	in die kochende Flüssigkeit geben und auf der abgeschalteten Platte den Teig so lange rühren, bis sich ein fester Kloß bildet (abbrennen). Den Topf von der Platte ziehen.
1 Ei	unterrühren. Dann
3 Eier	nach und nach zugeben. In den erkalteten Teig
1 gestr. TL Backpulver	einrühren. Auf einem mit Backpapier ausgelegten Blech mit zwei Teelöffeln in genügendem Abstand 12 bis 15 gleichmäßige Teighäufchen setzen. Den Backofen vorheizen und die Windbeutel bei 200 bis 225 °C etwa 35 Minuten backen. Während des Backens nicht den Ofen öffnen. Herausnehmen und die Windbeutel sofort mit einer Schere aufschneiden.

Füllung

500 ml süße Sahne	
1 Pck. Vanillezucker	und
2 Pck. Sahnesteif	steif schlagen. Die Windbeutel damit füllen und den Deckel wieder aufsetzen. Mit
Puderzucker	bestäuben.

Eine Schale mit heißem Wasser auf dem Boden des Backofens begünstigt das Aufgehen der Windbeutel. Besonders gut gehen sie in einem Dampfgarer auf. Sie schmecken auch mit Obsteinlage gut, zum Beispiel mit angedickten Sauerkirschen oder mit frischen Erdbeeren. Eine würzige Füllung für das Büfett finden Sie auf Seite 101 (ergibt dann etwa 50 Stück).

Hier darf genascht werden.

Knabbergemüse mit Dip

3 Paprikaschoten (rot, gelb, grün) abwaschen, die Kerne und die weißen Häute entfernen und in 8 bis 10 cm lange Streifen schneiden. Bei

3 Möhren die oberen und unteren Enden abschneiden, mit einem Sparschäler schälen. Die Möhren in Stifte schneiden.

1 Gurke schälen, bei Bedarf die Kerne entfernen und in 8 bis 10 cm lange Stifte schneiden. Auf einem Teller anrichten.

Dip

500 g Magerquark in eine große Schüssel geben.

50 ml Milch dazugeben.

Frische Kräuter (Schnittlauch, Dill, Petersilie) abwaschen und klein schneiden.

1 Knoblauchzehe schälen, klein schneiden und durch eine Knoblauchpresse drücken. Alles zum Quark geben, mit

Salz, Pfeffer würzen und gut verrühren.

Der Dip passt auch gut zu den Knusperkartoffeln.

Bei diesem farbenfrohen Gemüse können Kinder nicht widerstehen.

Besuch auf dem Bauernhof »Landwirtschaft für kleine Hände«

Knusperkartoffeln

	Den Backofen auf 200 °C vorheizen.
1,5 kg Kartoffeln	schälen, waschen und in gleich große Stücke schneiden.
10 g Sesam	mit
4 EL Öl	sowie
Salz, Pfeffer	verrühren und zusammen mit den Kartoffeln in einer Schüssel vermengen. Anschließend auf einem mit Backpapier ausgelegten Backblech verteilen. Etwa 30 bis 40 Minuten im Ofen backen. Die Kartoffeln sollten knusprig braun aussehen, dann schmecken sie am besten.

Wenn Frühkartoffeln verwendet werden, müssen diese nicht geschält werden. Einfach gut abwaschen. Die kleinen Mini-Kartoffeln können ganz bleiben.

Lektüre für die Kindergartenkinder

Diesmal eine Fahrt durch Feld und Flur in der Nähe von Eime

Apfelringe zum Knabbern

Äpfel (unterschiedliche Sorten)	waschen, schälen (nach Bedarf) und das Kerngehäuse entfernen. Die Äpfel in möglichst gleich große und dicke Ringe schneiden und sofort in
Zitronenwasser	legen. Die Apfelringe können im Dörrapparat (Dörrzeit etwa 6 Stunden) oder im Backofen getrocknet werden. Das Trocknen im Backofen erfolgt bei kleinster Wärmestufe und leicht geöffnetem Ofen und dauert ebenfalls etwa 6 Stunden.

Asterix Powerbecher

300 g Obst (nach Belieben)	vorbereiten und klein schneiden.
250 g Magerquark	mit
150 g Naturjoghurt	und dem Saft von
½ Orange	sowie mit
1 TL Honig	verrühren und mit den Früchten in ein Glas schichten. Mit
1 EL Kürbiskerne	und
1 EL Haferflocken (kernig)	bestreuen. Bis zum Verzehr kühl stellen.

Für unterwegs oder für die Schule in ein Schraubglas füllen.

Die ersten Äpfel sind reif und schmecken allen.

Der Hutewald im Wohldenberg

Von Detlef Tolzmann

Beim Hutewald im Wohldenberg handelt es sich um einen 1,3 Hektar großen, Jahrhunderte alten, lichten Eichen- und Hainbuchenwald, der zu Füßen der Burg lange zum Eintrieb von Vieh genutzt wurde. Große, gut besonnte Baumkronen lassen jedes Jahr viele Eicheln wachsen und bedecken damit im Herbst reichlich den Waldboden, wenn die Last zu schwer wird. Lange Zeit nutzte die örtliche Bevölkerung diese Wälder, um (Brenn-)Holz und Nahrungsmittel zu gewinnen. Neben der Schönheit der knorrigen Kronen bieten die alten Eichen mehr als 300 Insektenarten und Vögeln ein Zuhause.

Heute ist das Weiden von Tieren zum Schutz der Wälder verboten. Das Niedersächsische Landesforsten Forstamt Liebenburg erhält diese alten Eichen in Zusammenarbeit mit dem Landkreis Hildesheim. Ohne diesen Eingriff würden die Eichen von Eschen, Ahornen und Buchen in den nächsten 30 Jahren überwachsen und absterben. Zur Pflege und zum Erhalt des Mittelwaldes werden einmal jährlich im Sommer schottische Hochlandrinder auf die Fläche getrieben, die den gesamten Unterwuchs in fünf bis sechs Wochen abfressen. Dadurch können junge Laubbäume nicht aufwachsen, die sonst die alten Eichen irgendwann bedrängen würden. Junge Eichen, die das Forstamt nachpflanzt und die irgendwann nach vielen Generationen an die Stelle der jetzigen Baumveteranen treten werden, müssen gegen die Rinder allerdings auch massiv geschützt werden.

Highland Cattle, Schottische Hochlandrinder im Hutewald am Wohldenberg

Stockbrot

Man benötigt 8 lange, mindestens daumendicke Stöcke.

Wenn die Stöcke daumenstark sind, den vorderen Teil mit Alufolie umwickeln, bevor man den Teig um die Stöcke wickelt. So kann man das fertige Brot vom Stock ziehen und evtl. mit einem Würstchen füllen. Schmeckt auch Vätern.

500 g Mehl
1 Würfel frische Hefe
250 ml warmes Wasser
1 TL Zucker
1 TL Kräutersalz und
1 EL Margarine mit der Küchenmaschine (Knethaken) zu einem Hefeteig verarbeiten und an einem warmen Ort etwa 45 Minuten gehen lassen. Der Teig soll sich verdoppeln. Die Arbeitsfläche mit etwas

Mehl bestreuen und nochmals kurz durchkneten. Falls der Teig noch klebt, etwas Mehl hinzufügen. Auf der Arbeitsfläche 2 Rollen formen und diese in 4 Teile teilen und noch einmal zugedeckt gehen lassen. Aus den 8 Teigstücken, je 8 dünne, lange »Würste« rollen und um 8 lange Stöcke wickeln. Mit etwas

Öl bestreichen und über dem Feuer backen, bis sie knusprig und gar sind.

Ein beliebter Ausflugsort ... der Lavendelgarten in Gr. Himstedt

Stutenmann

Man benötigt eine Schablone aus Pappe vom Stutenmännchen.

200 g Quark	mit
6 EL Milch	
1 Ei	
100 g Zucker	
1 Pck. Vanillezucker	
1 Prise Salz	
8 EL Öl	
400 g Mehl	und
2 TL Backpulver	in der Küchenmaschine mit den Knethaken zu einem Teig verkneten. Den Teig mit etwas
Mehl	auf der Arbeitsfläche 1 cm dick ausrollen. 1 Schablone aus Pappe für Männchen ausschneiden. Schablone auf den Teig legen und mit dem Küchenmesser ausschneiden.
1 Eigelb	verquirlen und die Figur damit bestreichen. Augen und Knöpfe können mit
Rosinen	in den Teig gedrückt werden. Auf ein Backblech legen und bei 200 °C etwa 8 bis 10 Minuten goldgelb backen.

Meine Schablone für das Stutenmännchen ist 15 cm groß. Man kann natürlich auch andere Schablonen verwenden, zum Beispiel von Tieren.

Naturerholungsgebiet Duinger Seen mit Badestrand und Campingplatz

Konfettisalat

100 g Sternchen-Suppennudeln	nach Packungsanleitung kochen, in einem Sieb abgießen, mit kaltem Wasser abschrecken und in eine Schüssel geben.
1 rote Paprikaschote	abwaschen, die Kerne und die weißen Häute entfernen und die Schote in feine Würfel schneiden.
1 Zwiebel	pellen, ebenfalls in Würfel schneiden. Paprika und Zwiebel zu den Nudeln geben. Nun noch
1 Dose Mais (à 340 g)	abgießen und mit
150 g TK-Erbsen	hinzufügen und alles mischen. Für die Marinade
5 EL Essig	mit
5 EL Öl	
Salz, Pfeffer	
1 Prise Zucker	und
1 EL Mayonnaise	gut vermischen und etwas durchziehen lassen.
1 Bund Petersilie	abwaschen, klein schneiden und unter den Salat geben. Die Soße mit dem Salat vermischen und eventuell noch mal abschmecken.

Auch so kann man Mais trocknen.

Taufengel in der Breinumer Kirche

Zwischen Himmel und Erde – Taufengel im Hildesheimer Land

Von Axel Christoph Kronenberg

In den evangelischen Kirchen im Kirchenkreis Hildesheimer Land-Alfeld gibt es in den Dorfkirchen mit 20 sogenannten Taufengeln aus der Barockzeit besonders viele dieser himmlischen Boten: in Niedersachsen zählt man insgesamt etwa 100 solcher geflügelten Wesen. Die ansprechenden und sehr schönen Engel dienen dazu, das Taufwasser gleichsam vom Himmel zum Täufling herabzubringen. Das erfolgt über einen Absenkmechanismus, der mechanisch über eine Umlenkrolle auf dem Kirchenboden funktioniert. Die Taufengel halten in einer oder in beiden Händen eine hölzerne Muschelschale, in die eine Metallschale mit dem Wasser eingesetzt wird. Die Engel haben eine Länge von 100 bis 120 Zentimetern und sind rund 300 Jahre alt. Sie befinden sich in den Kirchen zu Almstedt, Breinum, Evensen, Freden, Graste, Hackenstedt, Heersum, Heinde, Lechstedt, Nettlingen, Neuhof (nur ein Flügel), Sack, Sellenstedt, Sibbesse, Söhlde, Sottrum, Wehrstedt, Wendhausen, Wetteborn und Wülfingen und warten darauf besucht zu werden.

Lebkuchen

250 g Honig	
250 g brauner Zucker	und
150 g Butter oder Margarine	in einen Topf geben. Unter Rühren erhitzen, bis sich der Zucker aufgelöst hat. Vom Herd nehmen, in eine große Rührschüssel umfüllen und abkühlen lassen. Dann
100 g gemahlene Mandeln	
400 g Mehl (Roggen- oder Weizenmehl)	
1 TL Zimt	
2 TL Lebkuchengewürz	
1 EL Kakaopulver	und
1 Ei	zur Honigmischung geben und mit den Knethaken des Handrührgeräts gründlich durchkneten.
1 TL Pottasche	in eine Tasse geben und mit
2 EL Rum oder Wasser	verrühren, bis sich die Pottasche vollständig aufgelöst hat. Ebenfalls zum Teig geben und unterkneten. Den Teig auf höchster Stufe weiterkneten, bis er glänzt und nicht mehr klebt. Eventuell etwas Mehl zugeben, falls der Teig noch zu weich und klebrig ist. Er sollte fest und formbar sein. Die Schüssel mit Frischhaltefolie abdecken. Am besten über Nacht im Kühlschrank ruhen lassen.

Die Herzen an Bändern aufhängen (beim Ausstechen die Löcher nicht vergessen).

Verarbeitung

Zum Weiterverarbeiten den Teig portionsweise auf wenig Mehl 5 bis 6 mm dick ausrollen (geht auch gut ohne Mehl). Herzen oder beliebig andere Formen ausstechen oder ausschneiden. Ein Backblech mit Backpapier auslegen oder einfetten. Den Backofen auf 180 °C vorheizen. Die Lebkuchen auf das Backblech legen und etwa 10 Minuten backen. Vorsichtig vom Blech lösen, denn die Lebkuchen sind dann noch sehr weich. Auf ein Kuchengitter setzen und auskühlen lassen. Die Lebkuchenplätzchen, dann wie unten vorgeschlagen, verzieren.

Puderzuckerguss

150 g Puderzucker	mit
2 EL Zitronensaft	glatt rühren, sodass ein dickflüssiger Guss entsteht. In einen Spritzbeutel füllen und auf die Lebkuchen spritzen. Mit
Mandeln, kandierte Früchte oder Liebesperlen	verzieren.

Tante Lillys Pfannkuchen (für 2 Kinder)

2 Eier	mit dem elektrischen Handrührgerät verquirlen.
60 g Mehl	mit
1 Prise Backpulver	mischen und beides mit dem Ei verrühren.
1 EL geriebene Haselnüsse	
6 EL Milch	und
2 EL Zucker	dazugeben und verrühren.
1 EL Öl	in einer Pfanne auf mittlerer Stufe erhitzen. Den Teig in die Pfanne geben und einen Deckel darauflegen. Von beiden Seiten etwa 2 Minuten backen.

Dazu schmeckt Apfelmus.

LandFrauen setzen sich ein – auf dem Marktplatz in Hildesheim.

Demo in Hildesheim für gerechte Preise: Landwirtschaftliche Produkte sind keine Ramschware. »Ich bin mehr WERT – mein Körpergewicht als Vorzugspreis«

Apfelcharlotte

4 Brötchen (oder Zwieback oder Kuchenreste)	in
Milch (warm)	einweichen und gut ausdrücken.
1 kg Äpfel	schälen, in Spalten schneiden und mit dem Saft von
½ Zitrone	mischen. Äpfel und Brötchen vermengen.
80 g Butter	
100 g Zucker	und
3 Eigelb	zusammen cremig aufschlagen. Die Apfel-Brötchen-Masse mit der Eigelbmasse mischen.
3 Eiweiß	steif schlagen und unter die Masse heben. In eine Auflaufform füllen, mit
Zucker	bestreuen. Butterflöckchen daraufgeben. Bei 180 °C etwa 40 bis 45 Minuten backen.

Geeignet als süßes Hauptgericht, aber auch als Dessert. Vanillesoße dazu reichen.

Brombeercreme

500 ml Milch	davon etwas abnehmen und mit
35 g Speisestärke	anrühren. Das Gemisch in die restliche Milch einrühren. Mit
2 – 3 Pck. Vanillezucker	und
50 g Zucker	zu einer Creme kochen. Abkühlen lassen.
250 ml süße Sahne	steif schlagen und mit
3 – 4 EL Rum	unter die Creme heben. Die Creme nun schichtweise mit
500 g Brombeeren oder Himbeeren (frisch oder TK)	in eine Schale geben.

Wenn die Creme am Vortag zubereitet wird, zur Sicherheit Gelatine oder Sahnesteif unterziehen.

So war die Ernte damals (Dreschmaschine).

Kosakencreme

3 Eigelb	mit
125 g Zucker	schaumig schlagen.
100 ml Weißwein	
2 cl Rum	
2 cl Weinbrand	sowie den Saft von
1 Orange	und von
½ Zitrone	zufügen.
4 Blatt weiße Gelatine	nach Packungsanweisung auflösen und unterrühren. Wenn die Creme anfängt dicklich zu werden,
3 Eiweiß	und
200 ml süße Sahne	steif schlagen und unter die Creme ziehen.

Köstliche Joghurtbombe

500 g Naturjoghurt	mit
120 g Zucker	und
1 Pck. Vanillezucker	verrühren.
400 ml süße Sahne	steif schlagen und unterheben. Ein Sieb auf eine Schüssel setzen und mit einem feinen Geschirrtuch auslegen. Die Joghurtmasse einfüllen und über Nacht in den Kühlschrank stellen. Die Molke, die sich in der Schüssel gesammelt hat, abgießen. Die Joghurtcreme wird durch das Abtropfen schnittfest – ganz ohne Gelatine – und kann nun auf eine Platte gestürzt werden.

Mit roter Grütze, frischen Erdbeeren oder anderen Früchten anrichten.

Fendt, auf dem Dreschfest in Lamspringe zu besichtigen

Himbeertraum (für 6 bis 8 Personen)

300 g TK-Himbeeren	in eine Schale geben.
1 Dose Pfirsiche (820 g)	in ein Sieb gießen, den Saft auffangen, die Pfirsiche klein würfeln und zu den Himbeeren geben.
2 Pck. Vanillesoße ohne Kochen	Saft der Pfirsiche mit dem Vanillesoßenpulver nach Packungsanweisung verrühren und über die Früchte geben.
400 ml süße Sahne	mit
2 Pck. Vanillinzucker	und
2 Pck. Sahnesteif	steif schlagen.
500 g Magerquark	
500 g Joghurt (1,5 % Fett)	und
1 – 2 EL Zucker	miteinander verrühren. Die steif geschlagene Sahne unter die Quarkmasse heben und anschließend über die Früchte geben.
1 EL Butter	in einer Pfanne schmelzen.
2 EL Zucker	darin karamellisieren.
150 g Mandelblättchen	dazugeben und kurz rösten. Die Mandelblättchen auf einen Teller geben und abkühlen lassen. Anschließend auf der Quarkmasse verteilen.

Ein weiter Weg vom Kloster zum heutigen Kulturzentrum mit dem »Lamspringer September«

Das Kloster Lamspringe – ein barockes Juwel an der Lamme

Von Axel Christoph Kronenberg

Graf Ricdag und seine Frau Imhildis gründeten im Jahre 847 ein Benediktinerinnenkloster an der Lammequelle, so überliefert es die Entstehungslegende aus dem 16. Jahrhundert.

Der Fachwerkflecken Lamspringe lag an der Schnittstelle der Interessenbereiche des Bistums Hildesheim und des Reichsstifts Gandersheim. Er hatte mit seinem einst bedeutenden Kloster einen vorderen Platz im mittelalterlichen kirchlichen Machtgefüge. Als südlichstes Kloster im Bistum Hildesheim war das Kloster Lamspringe für den Bischof ein stabiler Eckpfeiler gegenüber dem Herzogtum Braunschweig. Es war über Jahrhunderte auch der bestimmende Faktor für den sich um die geistliche Einrichtung entwickelnden Marktflecken Lamspringe.

Lamspringe besaß die für eine Klostergründung unentbehrlichen ausgiebigen Wasser- und Steinvorkommen und lag an einem Pass, durch den eine bedeutende Handels- und Heerstraße führte. Diese Lage brachte dem Flecken aber nicht nur wirtschaftliche Vorteile, sondern zog in Kriegszeiten Heere und herumstreifende Kriegsvölker an. Auch wurde er aufgrund seiner Lage in der Vergangenheit zum Zankapfel zwischen dem Bistum Hildesheim und dem Herzogtum Braunschweig.

Kriege brachten den Bürgern und dem Kloster großes Leid – die Brände und Plünderungen verursachten immer wieder Schäden an Gebäuden und an den Kunstschätzen. Mit dem Neubau der Klosterkirche (1670 bis 1691) schufen die englischen Benediktiner, denen die heruntergekommene Klosteranlage 1643 übergeben worden war, eine der schönsten barocken Kirchen in Niedersachsen, deren Schönheit bis heute erhalten ist.

Bei der Restaurierung der Klosterkirche stieß man auf kunstvolle Verzierungen aus dem 18. Jahrhundert, die im frühen 20. Jahrhundert übermalt worden waren. Trotz knapper Kassen konnten diese Malereien – zusätzlich zur kostspieligen Außenrenovierung – komplett restauriert werden.

Die Kirche mit den drei Hallenschiffen und den sieben barocken Altären kann von Mai bis Mitte Oktober besichtigt werden. Im Abteigebäude des früheren Klosters finden seit 1988 immer im September Kulturwochen statt. Der »Lamspringer September« ist zu einem überregionalen Event mit prominenten Künstlern geworden. Seit 2003 findet auch der »Philosophische Salon« im Kalenderzimmer des Klosters statt. Alle drei Jahre wird auf dem Klosterhof das historische Dreschfest gefeiert. Neben Dreschvorführungen können Trecker und landwirtschaftliche Geräte bewundert werden.

Kloster Lamspringe

Cognaccreme

4 Eier	trennen und das Eigelb mit
100 g Puderzucker	schaumig schlagen.
100 ml Cognac	unterrühren.
6 Blatt weiße Gelatine	nach Packungsanweisung auflösen und vorsichtig (langsam) in die Masse rühren. Die aufgelöste Gelatine und Eicreme sollten dabei die gleiche Temperatur haben.
4 Eiweiß	und
200 ml süße Sahne	getrennt steif schlagen und nacheinander unter die leicht dickliche Masse heben. Mit
Sahnetupfen	garnieren.

Das Ganze kann geschmacklich abgeändert werden. Für Mokkacreme gibt man anstelle des Cognacs 100 ml starken Kaffee dazu. Für Orangencreme 100 ml Orangensaft sowie 100 ml Weißwein.

Blick in ein Tal des Flenithigau mit den Orten Irmenseul und Netze

Weintraubentraum (für 6 Personen)

250 ml süße Sahne	mit
100 g Zucker	und
1 Pck. Vanillezucker	steif schlagen.
250 g Magerquark	und
250 g Mascarpone	verrühren und unter die Sahne heben.
250 g Kekse (Cookies mit Schokolade)	Die Kekse in einen Gefrierbeutel geben und mit einem Nudelholz zerkleinern.
1 kg Weintrauben ohne Kerne	Die Hälfte der Weintrauben in die Schüssel geben, mit Creme und mit Keksen und mit der zweiten Hälfte der Trauben abwechselnd einschichten (etwa 2 bis 3 Schichten).

Statt Weintrauben schmecken Cocktailfrüchte oder Kirschen sehr gut dazu.
Eine schlankere Variante: Statt Mascarpone nimmt man Schmand.

Müslitraum (für 8 Personen)

2 Gläser Sauerkirschen (je 600 g Abtropfgewicht)	auf ein Sieb gießen.
1 EL Zucker	und
1 EL Zimt	darüberstreuen und über Nacht ziehen lassen.
500 g Magerquark	
200 g Frischkäse	und
100 g Puderzucker	mit
6 EL Milch	verrühren.
200 ml süße Sahne	mit
1 Pck. Vanillezucker	steif schlagen und unter die Quarkmasse heben. Quark und Kirschen abwechselnd in eine Glasschale schichten. Dann
200 ml Eierlikör	daraufgeben.
200 ml süße Sahne	mit
1 Pck. Vanillezucker	steif schlagen und über die Masse streichen. Zum Schluss
375 g geröstete, kernige Haferflocken	darüberstreuen.

Das blaugrün leuchtende Männchen der Mosaikjungfer ...

Schokoladenpudding

150 g Block- oder Zartbitterschokolade	in Stücke brechen.
2 frische Eigelb	mit
50 g Zucker	und
1 Pck. Vanillezucker	aufschlagen. Von
500 ml Milch	5 Esslöffel abnehmen und mit
50 g Speisestärke	anrühren. Die restliche Milch erhitzen und die Schokolade darin schmelzen. Die angerührte Speisestärke einrühren und weiterrühren, bis die Masse dicklich wird. Pudding vom Herd nehmen und die Eigelbcreme unterrühren.
2 Eiweiß	mit
25 g Zucker	steif schlagen und locker unter den Pudding heben. Den Pudding in eine Schale oder in Dessertgläser füllen. Mit einem scharfen Messer
30 g Zartbitter-Kuvertüre	in Späne schneiden und auf den Pudding streuen.

Wildblumenwiese

... und das braune Weibchen

Erdbeerlasagne (für 8 Personen)

250 ml süße Sahne	mit
2 Pck. Vanillezucker	steif schlagen.
150 g Naturjoghurt	und
250 g Mascarpone	unterheben.
1 kg Erdbeeren	waschen, entstielen. 250 g davon klein schneiden und in eine Glasschüssel füllen, die Creme darübergießen.
200 g Löffelbiskuits	bereitstellen. Die Biskuits in
100 ml Orangenlikör	eintauchen und auf die Creme legen.
3 EL Puderzucker	mit den restlichen 750 g Erdbeeren pürieren, auf die Creme geben und alles über Nacht im Kühlschrank durchziehen lassen.
100 g weiße Schokolade	grob reiben, auf den pürierten Erdbeeren verteilen. Mit einigen
Minzeblätter	dekorieren.

Erdbeermarmelade mit grünem Pfeffer

Für 7 bis 8 Gläser à 250 g

1 kg schöne, reife Erdbeeren	waschen und in Stücke schneiden. Von
1 Vanillestange	das Mark herausschaben und mit
25 g eingelegte grüne Pfefferkörner	sowie mit dem Saft von
1 Zitrone	zu den Erdbeeren geben.
1 kg Gelierzucker (1:1)	hinzufügen, alles gut vermischen und 3 Stunden zugedeckt stehen lassen. Dann 4 Minuten sprudelnd kochen und sofort in Gläser mit sauberen, trockenen Deckeln füllen und verschließen.

»Einem Menschen, der viel Liebe gibt, wenden sich auch die Tiere zu, selbst die Blumen scheinen ihm zu folgen.« *Bear Heart*

Grüne Erdbeeren und roter Pfeffer

Von Margret Nolles

In dem Dorf Wehmingen wohnte ein kleines Mädchen zusammen mit Erwachsenen und vielen Kindern in einem großen Haus. Es gab eine Menge Tiere auf dem Hof und zwei große Gärten mit einer Vielzahl an unterschiedlichen Ostbäumen. Aber am schönsten war der Gemüsegarten. Vom Hof aus führte ein breiter Weg durch den gesamten Nutzgarten. Im Frühjahr blühten an beiden Seiten des Mittelweges hunderte von Narzissen. Der Duft war geradezu betörend.
In diesem Garten war alles an Gemüsesorten vorhanden. Je nach Jahreszeit wurde hier der Bedarf für Küche und Keller geerntet. Am leckersten waren die Johannis- und Stachelbeeren und natürlich die Erdbeeren.
Die Erdbeersorte Senga-Sengana war damals der neuste Hit. Im Frühsommer war es dann soweit. Jeden Tag wurden die leckeren roten Früchte gepflückt. Herrlich süß und fruchtig, da machte das Naschen so richtig Spaß. Eines Nachmittags belauschte das Mädchen ein Gespräch zwischen ihrer Mutter und ihrer Oma. Die Erwachsenen hatten von einem neuen Marmeladenrezept gesprochen. Komisch – grüne Erdbeeren mit rotem Pfeffer. Wie das wohl schmeckt?
Am frühen Abend waren alle Erwachsenen beschäftigt, das Mädchen ging in den Garten, um ganz allein Erdbeeren zu pflücken. Also schnappte sie sich einen großen Spankorb und pflückte die schönen grünen Erdbeeren ab. Ganz stolz brachte sie den vollgepackten Korb in die Küche. Die Großmutter schlug die Hände über den Kopf zusammen. »Kind, was hast du dir bloß dabei gedacht? Die Erdbeeren sind doch noch gar nicht reif!« »Wieso? Ihr habt doch erzählt, grüne Erdbeeren mit rotem Pfeffer ist der neuste Hit!« Na ja – so kann es kommen, wenn man Erwachsene belauscht. Eine ordentliche Standpauke gab es schon und in diesem Jahr wurde wenig Erdbeermarmelade gekocht.

Senga Sengana – die richtige Anbausorte für den Gemüsegarten

Apfeltorte

3 Eiweiß	mit
3 EL Wasser	steif schlagen.
125 g Zucker	und
½ TL Vanillinzucker	einrieseln lassen.
3 Eigelb	vorsichtig unterrühren.
75 g Mehl	
75 g Speisestärke	und
1 geh. TL Backpulver	sowie
20 g Kakaopulver	auf die Eimasse sieben und vorsichtig unterheben. Den Teig in eine mit Backpapier ausgelegte Springform (Ø 24 cm) füllen und bei 175 °C etwa 25 Minuten backen.
750 g säuerliche Äpfel (Boskop)	schälen, vierteln, entkernen und in Scheiben schneiden.
75 g Zucker	mit
125 ml Apfelsaft	und der abgeriebenen Schale von
½ ungespritzte Zitrone	aufkochen, Äpfel zugeben und 4 bis 5 Minuten dünsten.
1 EL Speisestärke	mit etwas Wasser glatt rühren und das Kompott damit andicken, abkühlen lassen.
600 ml süße Sahne	
20 g Zucker	und
1½ Pck. Vanillinzucker	steif schlagen. Den Biskuit zweimal durchschneiden, auf den unteren Boden das Apfelkompott verteilen, den zweiten Boden auflegen. Von der Schlagsahne etwa 130 g in einen Spritzbeutel geben und kalt stellen. Ein Drittel der restlichen Sahne auf dem zweiten Boden verteilen und den dritten Boden auflegen. Die Torte mit der restlichen Sahne bestreichen.
100 g Schokoladenraspel	an den Tortenrand drücken. Die Torte mit
Sahnetupfen und Minzeblätter	verzieren.

Reife Äpfel

Frankfurter Kranz

Rührteig

125 g Butter	mit
250 g Zucker	
5 Eigelb	und
5 EL Milch	verrühren. Den Saft und die abgeriebene Schale von
½ ungespritzte Zitrone	mit
250 g Mehl	und
1 Pck. Backpulver	unterrühren.
5 Eiweiß	steif schlagen und unterziehen. In einer Kranzform bei 170 °C Umluft etwa 45 Minuten backen. Nach dem Erkalten den Kranz dreimal durchschneiden.

Füllung

750 ml Milch	
150 g Zucker	und
2 Pck. Vanillepuddingpulver	zu einem Pudding kochen, handwarm abkühlen lassen und dabei ab und zu umrühren.
250 g Butter	
50 g Zucker	und
½ Fläschchen Rumaroma	miteinander schaumig rühren. Den handwarmen Pudding esslöffelweise unterrühren. Nun in einer Pfanne
100 g gehackte Mandeln	
1 TL Butter	und
1 gestr. EL Zucker	bräunen und auf einem kalten Teller abkühlen lassen. Die Böden mit zwei Dritteln der Buttercreme füllen, aufeinandersetzen und mit der restlichen Buttercreme außen ganz bestreichen. Nach Geschmack einen Boden mit
Johannisbeergelee	bestreichen. Zum Schluss den Kranz rundherum mit den kalten, gerösteten Mandeln verzieren.

Blütenkranz aus LandFrauen-Produktion

Gedeckter Apfelkuchen

400 g Mehl	
1 Pck. Backpulver	
1 Ei, 130 g Zucker	
1 Pck. Vanillezucker	und
200 g Butter	in eine Schüssel geben und zu einem Mürbeteig verkneten. 30 Minuten kühl stellen. Backpapier auslegen und ein Drittel des Teiges darauf ausrollen. Mit dem Springformrand aus der Teigplatte den Deckel für den Kuchen ausstechen und mitsamt dem Papier aufrollen. Den restlichen Teig ausrollen, eine Springform (Ø 26 cm) damit auslegen und den Rand hochziehen.
1 kg Äpfel (Boskop)	schälen und in dünne Spalten schneiden, auf den Teig geben.
2 Pck. Vanillezucker	darüberstreuen. Jetzt den Teigdeckel auf den Äpfeln ausrollen.
100 g Butter	in Flöckchen auf dem Deckel verteilen.
3 – 4 EL Zucker	darüberstreuen. Bei 180 °C etwa 1 Stunde backen.

Soziales Engagement wird bei den LandFrauen großgeschrieben. Spende für die Kinderbetreuung im Klinikum (KiK).

LandFrauen am PC (Weiterbildung)

Kirschkuchen mit Marzipan-Schokoladen-Decke

80 g Margarine oder Butter	mit
80 g Zucker	
1 Pck. Vanillezucker	und
5 Eier	zu einem Rührteig verarbeiten.
200 g gemahlene Mandeln	
1 TL Backpulver	
100 g Schokoraspel	und
2 EL Rum	unterrühren. Den Teig in eine gefettete Springform (Ø 26 cm) geben. 20 Minuten bei 160 °C backen. Auskühlen lassen.
1 Glas Sauerkirschen (à 680 g)	abtropfen lassen und den Saft auffangen. Einen Tortenring um den Boden legen.
1 Pck. Tortenguss	mit dem Kirschsaft nach Anleitung zu einem Guss verarbeiten. Die Kirschen in den Guss geben, auf dem Kuchenboden verteilen und auskühlen lassen.
400 ml süße Sahne	steif schlagen und auf die Kirschen geben. Für die Kuchendecke
200 g Marzipan	mit
2 EL Puderzucker	ausrollen. Den Tortenring entfernen und die Marzipandecke auf die Torte legen.
100 g Kuvertüre	im Wasserbad schmelzen und auf der Marzipandecke verteilen.

Leine bei Alfeld

Die von engagierten Rentnern errichtete, stilisierte Hackenstedter Zehntscheune ist weithin sichtbar.

Klassischer Apfelstrudel

250 g Mehl	mit
125 ml Wasser	
Salz	und
50 g weiche Butter	mit dem Handrührgerät (Knethaken) zu einem Teig verarbeiten, bis er glänzend erscheint. Den Teig unter einer heiß ausgespülten Schüssel 30 Minuten ruhen lassen. Für die Füllung
1 kg mürbe, süß-säuerliche Äpfel (Boskop)	schälen, entkernen und in Spalten schneiden. Mit
80 g Zucker	etwas
Zitronensaft	sowie
½ TL Zimt	
50 g gehackte Mandeln	und
100 g Sultaninen	mischen. Den Teig auf einem mit Mehl bestäubten Geschirrtuch ausrollen und über dem Handrücken rechteckig, dünn ausziehen, sodass er durchscheinend wirkt.
50 g Butter	zerlassen und
50 g Paniermehl	darin bräunen. Den Teig damit bestreichen und die Apfelfüllung darauf verteilen. Durch Anheben des Geschirrtuches den Strudel aufrollen und auf ein mit Backpapier ausgelegtes Blech legen. Den Strudel mit etwas
Butter	bestreichen und sofort bei 220 °C etwa 35 Minuten backen.

Dazu passt: Vanilleeis, Vanillesoße, Eierlikör oder Weinschaumsoße. Der Strudel lässt sich auch beliebig mit anderen Früchten füllen, z.B. mit Kirschen oder Aprikosen. Auch herzhafte Variationen mit Mett und Käse sind möglich.

LandFrauen besichtigen Herrenhut und bringen sich gleich in die Produktion von Sternen ein.

Leinewellen

Kuchenboden

1 Glas Sauerkirschen (720 ml)	in ein Sieb geben und abtropfen lassen.
1 Pck. Vanillezucker	
200 g Butter	und
225 g Zucker	mit dem Schneebesen des Handrührgerätes cremig rühren.
5 Eier (Größe M)	nacheinander unterrühren.
350 g Mehl	mit
1 Pck. Backpulver	mischen und abwechselnd mit
3 EL Milch	unter den Teig rühren. Die Hälfte des Teiges auf eine gefettete Fettpfanne streichen. Unter die andere Hälfte
2 TL Kakaopulver	rühren und auf den hellen Teig streichen. Die abgetropften Kirschen auf dem Teig verteilen und im vorgeheizten Backofen (Ober-/Unterhitze 175° C, Umluft 150 °C, Gas Stufe 2) etwa 25 bis 30 Minuten backen.

Füllung

2 Pck. Vanillepuddingpulver	nach Packungsanleitung mit
1 l Milch	und
100 g Zucker	zu einem Pudding kochen. In eine Schüssel geben, die Oberfläche mit Frischhaltefolie bedecken und auskühlen lassen.
250 g Butter (zimmerwarm)	cremig-weiß aufschlagen. Den Pudding (Butter und Pudding müssen die gleiche Temperatur haben) kurz durchrühren und esslöffelweise unter Rühren zur Butter geben. Die Buttercreme auf den erkalteten Kuchen streichen und an einem kühlen Ort etwa 3 Stunden fest werden lassen.

Guss

200 g Kokosfett	im Topf auflösen.
200 g Puderzucker	mit
50 g Kakaopulver	
2 Eier	und
3 EL warmes Wasser	verrühren. Das aufgelöste Kokosfett (nicht zu heiß) schnell unterrühren und die Masse gleich auf dem Kuchen verteilen.

In den Guss kann man nach Geschmack noch 1 Esslöffel aufgelösten Pulverkaffee geben.

Das Kuchenbüfett der LandFrauen ist heiß begehrt.

Von der Ackerbauschule zum Gymnasium – die Michelsenschule Hildesheim

Von Karl-W. Sott (OStR a.D.)

»Wir wollen die Schüler zum Denken anregen! Gelingt uns dies, so halten wir unsere Aufgabe für gelöst und die Zukunft der Schüler für gesichert!« (Eduard Michelsen, 1866, Sohn des Schulgründers Konrad Michelsen).

Als Ackerbauschule 1858 von Konrad Michelsen gegründet, hat sich die Michelsenschule besonders aus Jugendlichen und Heranwachsenden aus dem ländlichen Raum und bis Mitte des 20. Jahrhunderts primär aus Söhnen von Landwirten rekrutiert. Die Verbindung von allgemeiner und beruflicher Bildung stand damals im Vordergrund. Diesem Leitbild der Michelsenschule folgend, werden die Schüler und Absolventen befähigt, gesellschaftliche, politische, soziale, ökologische und ökonomische Veränderungen zu erkennen und Möglichkeiten abzuleiten, hierauf positiv Einfluss zu nehmen.
Seit den 1960er und 70er Jahren hat sich die Michelsenschule auch für junge Menschen geöffnet, die nicht (unmittelbar) aus der Landwirtschaft stammen. Mit der Neugestaltung der gymnasialen Oberstufe (1972) wurde auch an der Michelsenschule das Kurssystem an der Oberstufe als Fachgymnasium mit den drei Zweigen (allgemeinbildend, hauswirtschaftlich und landwirtschaftlich) eingeführt.
Lange Zeit war das Trillke-Gut mit der besonderen hauswirtschaftlich-praxisbezogenen Ausbildung an der ein- und zweijährigen Fachschule integrativer, aber relativ autonomer Bestandteil (Zweig) der Michelsenschule. Viele LandFrauen – nicht nur aus dem Landkreis Hildesheim – haben hier eine sehr spezielle und intensive Ausbildung mit ernährungsbezogenen und ökonomischen Inhalten erfahren. Allerdings ließ die Nachfrage für ausgebildete Hauswirtschaftsleiterinnen im Zuge der sich verändernden gesellschaftlichen Rahmenbedingungen erheblich nach und die Besoldung entsprach nicht mehr dem Ausbildungsniveau und Leistungspotenzial. So endete Mitte der 1990er Jahre eine große und lange Tradition des Trillke-Gutes – sehr zum Bedauern vieler Menschen aus dem ländlichen Raum.
Die Michelsenschule hat sich zwischenzeitlich zu einem Gymnasium mit einem besonderen Profil entwickelt. In den Jahrgangsstufen sieben bis neun, werden landwirtschaftliche und ernährungsbezogene Lerninhalte projektbezogen und

Schüler lernen in der Michelsenschule die richtige Zubereitung von Nahrungsmitteln.

Michelsenschule nach dem Motto: »Wie die Saat, so die Ernte«. Guter Boden bietet beste Voraussetzung für eine gute Ernte.

zum Teil klassenübergreifend unterrichtet (z.B. »Vom Weizen zum Brot«). In der Sekundarstufe II führen sowohl das allgemeinbildende Gymnasium wie auch das Berufliche Gymnasium mit den Alternativen Agrarwirtschaft und Ökotrophologie für alle Absolventen zur Allgemeinen Hochschulreife.
Auch die spezielle landwirtschaftlich-theoretische Ausbildung in der Fachstufe, so wie in der ein- und zweijährigen Fachschule Agrarwirtschaft (mit Schülern aus dem gesamten norddeutschen Raum) erfreut sich seit Jahren zunehmender Nachfrage – auch vor dem Hintergrund, dass die theoretischen Unterrichtsinhalte von vielen praxisorientierten Übungen, Exkursionen und Studienfahrten begleitet werden.
Eine Schule wird somit nicht nur an der Qualität der fachlich-theoretischen Ausbildung gemessen, sondern lebt auch von der Atmosphäre, dem Schulklima und der Verbundenheit von Schülern und Lehrern. Darüber hinaus trägt besonders der V.a.H. (Verein alter Michelsenschüler e.V.) als Ehemaligen-Verein nicht nur dazu bei, dass diese Verbundenheit der Schüler ein Leben lang währt. Der Verein fördert mit Spenden und außerschulischen Veranstaltungen auch das gegenwärtige Schulleben.

Michelsenschule, das Gymnasium mit Fachausrichtung

Mariannes Himbeertorte

Unterer Mürbeteigboden

30 g gemahlene Haselnüsse	mit
70 g Mehl	
60 g Margarine	
25 g Zucker	und
½ TL Backpulver	mischen und alles schnell zu einen Mürbeteig verkneten. Eine Springform (Ø 26 cm) fetten und den Teig in der Form ausrollen. Bei 200 °C etwa 15 Minuten backen. Nach dem Backen sofort mit dem Messer aus der Form lösen. Erkalten lassen.

Oberer Mürbeteigboden

100 g Mehl	mit
75 g Margarine	
25 g Zucker	und
½ TL Backpulver	mischen und alles schnell zum Mürbeteig verkneten. In einer gefetteten Springform (Ø 26 cm) ausrollen. Bei 200 °C etwa 15 Minuten backen. Nach dem Backen sofort mit dem Messer aus der Form lösen und in 16 Tortenstücke schneiden. Erkalten lassen.

Biskuitboden

5 Eier	trennen. Das Eiweiß mit der Hälfte von
125 g Zucker	steif schlagen. Das Eigelb mit der zweiten Hälfte des Zuckers cremig aufschlagen. Den Eischnee nun vorsichtig unter das geschlagene Eigelb heben.
125 g Mehl	mit
1 TL Backpulver	durchsieben und vorsichtig unter die Eiermasse heben. In einer mit Pergamentpapier ausgelegten Springform (Ø 26 cm) bei 200 °C etwa 40 Minuten backen. Nach dem Backen warm aus der Form lösen und Erkalten lassen. Den Boden einmal durchschneiden.
50 g Halbbitter-Kuvertüre	im Wasserbad schmelzen und den unteren Mürbeteigboden damit bestreichen. Den Biskuitboden darauflegen. Um die Böden jetzt einen Tortenring legen.

Hühner auf der Stange – eine kleine Herausforderung an die Nähkunst

Füllung

750 g TK-Himbeeren	auftauen, den Saft abgießen und auffangen.
5 Blatt rote Gelatine	in Wasser etwa 5 Minuten einweichen und ausdrücken. Die Gelatine im Himbeersaft unter Erwärmen im Kochtopf auflösen und unter die Himbeeren geben.
500 ml süße Sahne	steif schlagen und unter die Himbeeren heben. Drei Viertel der Füllung auf den Biskuitboden geben und den zweiten Biskuitboden auflegen. Mit der restlichen Füllung bestreichen. Im Kühlschrank steif werden lassen.
250 ml süße Sahne	steif schlagen Den Tortenring lösen und den Rand mit Sahne bestreichen. Die vorbereiteten 16 Stücke aus dem oberen Mübeteigboden darauflegen und mit
gebraunte Mandelblättchen	verzieren.

Himbeeren, reiche Ernte

Kirche in Evensen

Obsttarte der Saison

Die Tarte schmeckt auch sehr gut mit Pflaumen, Sauerkirschen, Stachelbeeren, Heidelbeeren oder roten Johannisbeeren.

180 g Mehl (Type 550)	
50 g Zucker	
1 Prise Salz	
1 TL Backpulver	
2 Eigelb	
3 EL kaltes Wasser	Alle Zutaten zu einem Mürbeteig verkneten. Anschließend den Teig kühl stellen und etwas ruhen lassen.
750 g Äpfel (z.B. Boskop)	schälen, entkernen und in Spalten schneiden. Eine gefettete Tarteform mit dem Teig auslegen und die Apfelspalten darauf verteilen.
2 Eiweiß	
3 Eier	
100 g Zucker	und
1 Pck. Vanillezucker	schaumig schlagen.
150 g Crème fraîche	dazugeben und über die Äpfel gießen. Im vorgeheizten Backofen bei 160 bis 180 °C etwa 45 bis 55 Minuten backen.

Köstliche Obstschale

Orangenkuchen im Glas
(für etwa 16 Gläser à 150 – 200 ml)

3 ungespritzte Orangen	heiß abwaschen. Von 2 Orangen die Schale abreiben, von der dritten Orange mit dem Zestenreißer dünne Streifen von der Schale abschälen. Schale und Zesten getrennt auf Küchenpapier antrocknen lassen. Die Orangen nun schälen, die Filets herauslösen und in Stücke schneiden. In
5 EL Orangensaft	etwa 20 Minuten köcheln. Nun alles mit einem Mixer pürieren und auskühlen lassen. Die Gläser mit
Butter (weich)	ausstreichen und mit
gemahlene Mandeln	ausstreuen. Das Backofengitter aus dem Backofen nehmen, den Ofen auf 175 °C vorheizen.
6 Eier	mit
250 g Zucker	cremig schlagen. Orangenpüree und Orangenschale (nicht die Zesten) unterrühren.
200 g Mehl	und
1 TL Backpulver	in eine Schüssel sieben.
200 g gemahlene Mandeln ohne Schale	
1 Msp. Zimt	und
1 Prise Nelkenpulver	untermischen. Die Mehlmischung unter die Ei-Zucker-Masse geben und verrühren. Den Teig zu gleichen Teilen (jeweils etwa 100 g) in die vorbereiteten Gläser füllen. Auf das kalte Backofengitter stellen und in den vorgeheizten Backofen schieben. 20 bis 25 Minuten backen. Mit der Stäbchenprobe prüfen, ob sie fertig gebacken sind. Jetzt
250 g Puderzucker	und
3 EL Orangensaft	zu einem dickflüssigen Guss verrühren. Die Oberfläche der Orangenkuchen damit bestreichen und mit den Orangenzesten bestreuen.

Wenn Sie die kleinen Kuchen einkochen wollen, geben sie etwas weniger Teig in die Gläser. Direkt nach der Garprobe die Gläser verschließen und die Kuchen zusätzlich 30 Minuten im 100 °C heißen Wasserbad einkochen.

Lässt sich super in Gläsern vorbereiten.

Schlosstorte

Diese Torte war beim Herbstmarkt auf Schloss Marienburg bei Nordstemmen der Renner.

Mürbeteigboden

150 g Mehl	
60 g Zucker	
60 g Butter	und
1 Ei	miteinander verkneten, auf dem Boden einer mit Backpapier ausgelegten Springform (Ø 28 cm) ausrollen und bei 170 °C Umluft etwa 15 bis 20 Minuten goldgelb backen.

Heller Biskuitboden

3 Eigelb	mit
3 EL Wasser	
100 g Zucker	und
1 Pck. Vanillezucker	schaumig schlagen.
3 Eiweiß	steif schlagen, den Eischnee auf die Eigelbmasse füllen.
80 g Mehl	mit
50 g Speisestärke	und
1 TL Backpulver	mischen, unter die Masse heben und in einer Springform (Ø 28 cm) bei 170 °C Umluft etwa 30 Minuten backen.

Marienburg – Schloss der Welfen

LandFrauen bestaunen die Schlosstorte.

Dunkler Biskuitboden

	Den dunklen Biskuitboden genau wie den hellen Biskuitboden herstellen. Zusätzlich aber
25 g Kakao	zum Mehl hinzufügen und bei 170 °C etwa 30 Minuten backen. Nach dem Erkalten beide Biskuitböden einmal durchschneiden.

Fertigstellung

1 l süße Sahne	mit
2 Pck. Vanillezucker	und
4 TL Sahnesteif	steif schlagen. Den Mürbeteigboden mit etwas
Ananas- oder Pfirsichmarmelade	bestreichen und den ersten hellen Biskuit auflegen, diesen dünn mit Sahne bestreichen. Anschließend einen dunklen Biskuitboden auflegen, mit
Eierlikör	beträufeln und ebenfalls dünn mit Sahne bestreichen. Den zweiten hellen Biskuitboden mit etwas Marmelade bestreichen und auflegen. Darauf wieder Sahne verstreichen und den letzten dunklen Biskuitboden als Abschluss auflegen. Nun etwa 2 bis 3 cm vom Rand entfernt mit einem langen Messer schräg einen runden Kegel ausschneiden. Der Mürbeteigboden darf dabei nicht durchgeschnitten werden. Mit einem Pfannenwender den Kegel aus der Torte nehmen und umgekehrt in die entstandene Vertiefung drücken. Zum Schluss
400 ml süße Sahne	mit
1 Pck. Sahnesteif	steif schlagen und die Torte damit rundherum bestreichen. Mit
Eierlikör	und
Schokosoße aus der Flasche	sowie mit dem Rest Sahne verzieren.

Hochzeiten und andere Feiern können heute im den restaurierten Räumen veranstaltet werden.

Burghof in der Marienburg

Schoko-Espresso-Kuchen

300 g Zartbitterschokolade	fein hacken und mit
250 g Butter	bei kleiner Hitze im Topf schmelzen, abkühlen lassen.
60 g Mehl	mit
1 TL Backpulver	mischen.
5 Eier	und
100 g Zucker	dazugeben und schaumig schlagen.
40 g gemahlene Mandeln	unterheben. Eine Kasten- oder Springform (Ø 26 cm) einfetten. Den Kuchen im vorgeheizten Backofen bei 180 °C etwa 50 Minuten backen.
100 ml starker Espresso	mit
30 g Zucker	in einem Topf sirupartig einkochen. Den warmen Kuchen damit beträufeln, abkühlen lassen und mit
Puderzucker	bestäuben.

In der alten Lateinschule in Alfeld von 1610 befindet sich heute ein Museum.

Seit über 100 Jahren wird in der Kaffeerösterei Bosse in Alfeld Kaffee geröstet. Inhaber Karl-Heinz Schirm sagt: »Ich röste auch weiterhin nach den Grundsätzen meines Lehrherrn, Gerhard Bosse. Doch die Idee, mehr Bio-Kaffee zu rösten, wird immer mehr umgesetzt. Der biologische Anbau schützt die Umwelt, garantiert den Bauern ein besseres Einkommen.«

Alfeld – Vergangenheit und Gegenwart

Von Giesela Rapp

Die Stadt Alfeld liegt im idyllischen Leinetal. In der zweitgrößten Stadt des Landkreises Hildesheim leben einschließlich der eingemeindeten Dörfer etwa 19 000 Einwohner. Im Jahr 1214 wurde sie erstmals in einer Urkunde erwähnt, die Stadtrechte erhielt Alfeld 1258. Im 14. und 15. Jahrhundert führten Landwirtschaft, Handwerk und Handel zu Wohlstand. Von der im Mittelalter errichteten Stadtbefestigung blieben der Fillerturm und Reste des Stadtwalles erhalten. Am Marktplatz befinden sich das zunächst im gotischen Stil erbaute und später im Stil der Weserrenaissance angepasste Rathaus sowie der historische Marktbrunnen. Im 14. Jahrhundert wurde die St.-Nicolai-Kirche mit ihren Doppeltürmen im gotischen Stil neu errichtet. Ebenfalls in Alfeld befindet sich eines der schönsten Fachwerkhäuser Niedersachsens – die ehemalige Lateinschule mit ihren beeindruckenden Wandschnitzereien. Sie beherbergt heute das Museum der Stadt.
Die Bevölkerung der Stadt erlebte über die Jahrhunderte Plünderungen durch Kriege, verheerende Brände und Hochwasser. Dennoch war und ist Alfeld ein interessanter Wirtschaftsstandort mit Industrie, Handwerk und Handel. Seit etwa 1850 führt die Bahnlinie Hannover-Kassel durch die Stadt. Eine Poststation für den Chausseeweg Hannover-Kassel gab es bereits 100 Jahre zuvor, was den Handel erheblich begünstigte.
Die Alfelder betreiben seit unzähligen Jahren Welthandel. Der Tierhändler Ludwig Ruhe beispielsweise war seit 1860 weltweit tätig. Die Villa seiner Nachfolger dient heute als Jugendgästehaus. Ernst Binnewies züchtete in Alfeld die ersten Alpenveilchen, bevor sie ihre Reise in die ganze Welt antraten. Die Kaffeerösterei Bosse importiert und röstet seit über 100 Jahren Kaffee. Sie ist noch heute in Betrieb und arbeitet vor allem mit Kaffees aus biologischem und sozial vertretbarem Anbau. 1911 holte der Fabrikant Carl Benscheidt den Architekten Walter Gropius nach Alfeld, nach dessen Bauplänen das Fagus-Werk im Bauhausstil errichtet wurde. Im Fagus-Werk werden noch heute Schuhleisten für den Weltmarkt produziert. Seit 2011 zählt das architektonische Meisterwerk zum UNESCO-Weltkulturerbe und beheimatet im ehemaligen Lagerhaus eine Fagus-Gropius-Ausstellung.
1853 entstand gegenüber der alten Lateinschule das Lehrerseminar, die spätere Pädagogische Hochschule, die heute nicht mehr existiert. Sowohl Parkplatz als auch ehemaliges Portal erinnern an den alten Standort.
Heute ist Alfeld eine historisch wertvolle, interessante, lebendige und weltoffene Stadt. Ein Besuch lohnt sich immer ... besonders an Markttagen, wenn Produkte aus nah und fern angeboten werden.

Hanomag – war früher oft auf den Feldern zu sehen ...

Walnusstorte

Mürbeteigboden

150 g Mehl	
60 g Zucker	und
40 g Butter	zu einem Mürbeteig verkneten und in eine gefettete Springform (Ø 26 cm) geben. Bei 200 °C etwa 15 Minuten backen. Auskühlen lassen. Den Boden mit
3 EL Orangenmarmelade	bestreichen und um den Boden einen Tortenring legen.

Biskuitboden

8 Eigelb	und
200 g Zucker	cremig rühren.
500 g gemahlene Walnüsse	
1 Prise Salz	
½ Pck. Backpulver	vorsichtig unterheben. Anschließend
8 Eiweiß	steif schlagen und unterheben. Aus dem Teig 5 dünne Böden in einer Springform (Ø 26 cm) backen (bei 200 °C jeden Boden etwa 15 Minuten).
750 ml süße Sahne	steif schlagen. Dabei
50 g Puderzucker	hinzugeben.
5 Blatt Gelatine	nach Packungsanleitung auflösen und zur Sahne geben. Auf den Mürbeteigboden den ersten Biskuitboden legen. Diesen mit Sahne bestreichen. Den nächsten Biskuitboden auflegen und wieder mit Sahne bestreichen. So fortfahren, bis alle Böden verarbeitet sind. Dann den Tortenring lösen und die Torte ringsherum mit
süße Sahne (zum Verzieren)	bestreichen und mit
Walnüsse	dekorieren.

Ersatzweise können Sie statt der Orangen- auch Quittenmarmelade verwenden.

Herbstzeit – Naturmaterialien werden bei den LandFrauen gern verarbeitet.

Schneller Käsekuchen

250 g Mehl	
1 Eigelb	
125 g Zucker	
125 g Butter	und
1 EL Zitronensaft	mit den Knethaken des Handrührgeräts zu Streuseln »verkrümeln«. Für den Belag
750 g Quark	mit
250 g Zucker	
125 g Butter	und
3 Eigelb	verrühren.
4 Eiweiß	steif schlagen. Den Eischnee mit
2 EL Grieß	und
1 EL Zitronensaft	unter die Quarkmasse heben. Eine Backform (Ø 28 cm) einfetten und die Hälfte der Streusel in die Form drücken. Die Quarkmasse darauf verteilen, die restlichen Streusel darüberkrümeln und mit
2 EL brauner Zucker	bestreuen. Bei 175 °C auf der unteren Schiene etwa 45 bis 55 Minuten backen.

Eignet sich gut zum Einfrieren. Für ein Blech nimmt man die doppelte Menge. In den Sommermonaten zum Beispiel abgetropfte Mandarinen auf den Boden geben, dann wird der Kuchen fruchtiger.

Wohldenberger LandFrauen erklimmen den Deich auf Borkum.

Mandarinen-Schmand-Kuchen

200 g Mehl	mit
50 g Zucker	
1 Pck. Vanillezucker	
1 Ei	
100 g Butter oder Margarine	und
1 TL Backpulver	zu einem Mürbeteig verkneten und in eine gefettete Springform (Ø 26 cm) geben. Bei 180 °C etwa 10 Minuten vorbacken. Dann
800 g Schmand	mit
8 EL Zucker	
1 Pck. Vanillezucker	
1 Pck. Vanillepuddingpulver	und
3 Eigelb	verrühren.
3 Eiweiß	steif schlagen und unter die Schmandmasse ziehen. Die Masse auf den Mürbeteig geben und bei 180 °C etwa 45 Minuten fertig backen. Den Kuchen mit
2 – 3 Dosen Mandarinen (à 312 g)	kreisförmig belegen.
1 Pck. Tortenguss	nach Anleitung verarbeiten und auf den Mandarinen verteilen.

Brauchtumspflege bei den LandFrauen: Die Erntekrone für das Kreishaus wird gebunden.

Reife Gerste

Spekulatiustorte

400 g Spekulatius	fein zerkrümeln und mit
150 g Butter (flüssig)	vermengen. Die Spekulatiusmasse in eine Springform (Ø 28 cm) geben und fest andrücken.
1 Glas Sauerkirschen (à 680 g)	abtropfen lassen, den Saft auffangen.
1 Glas Preiselbeeren (à 400 g)	auf den Boden streichen und anschließend die Kirschen darüber verteilen. Mit dem Krischsaft und
2 Pck. roter Tortenguss	nach Vorschrift einen Guss kochen und auf dem Obst verteilen, abkühlen lassen.
500 ml süße Sahne	mit
2 Pck. Vanillezucker	und
3 Pck. Sahnesteif	steif schlagen und auf dem Obst verteilen. Mit Spekulatius verzieren und kühl stellen.

Am Külf ist die Ernte eingeholt … Früher wurde traditionell mit dem letzten Getreidefuder die Erntekrone mit nach Hause gebracht. Diese Tradition ist leider mit der Mähdrescherzeit verloren gegangen. Zum Erntedank wird heute im Hildesheimer Kreishaus eine Erntekrone aufgehängt. Diese ist bis zum 1. Advent im Eingangsbereich zu sehen.

Sandkuchen der besonderen Art

Mandelnüsse

450 g ganze Mandeln	mit kochendem Wasser überbrühen und die Haut abziehen. Dann trocknen lassen und 50 g mahlen. Den Rest grob hacken und zur Seite stellen. Aus den gemahlenen Mandeln sowie
250 g Mehl	
200 g Butter	
100 g Zucker	und
2 Eigelb	einen Mürbeteig kneten und 2 Stunden kalt stellen. Anschließend aus dem Teig kleine Kugeln rollen.
1 Ei	verquirlen. Die Kugeln erst im Ei, danach in den groben Mandelsplittern wälzen. Auf ein mit Backpapier ausgelegtes Backblech legen. Mit einem Kochlöffelstiel eine Vertiefung einstechen und in diese etwas
Erdbeermarmelade	geben. Im vorgeheizten Backofen bei 175 °C auf der mittleren Schiene 10 bis 15 Minuten goldgelb backen.

Pralinen aus der Klosterbäckerei in Lamspringe

Nonnenhäubchen und Benediktiner

Von Stephan Knackstedt

Seit 2007 zaubert Bäckermeister Knackstedt in der Trüffelwerkstatt Kloster Lamspringe kleine handgefertigte Wunderwerke. Anstelle von Socken, Wein oder sonstigen Kleinigkeiten sollte einmal etwas anderes zu Weihnachten verschenkt werden. Spontan entstand die Idee, dass es selbst hergestellte Pralinen sein sollten. Alte Rezeptbücher wurden gewälzt und erste Kaffeetrüffel zur Probe in der heimischen Küche hergestellt. Das Ehepaar Knackstedt war mit dem Ergebnis zufrieden, kleine Tütchen wurden gefüllt und an Freunde verschenkt. Die Resonanz war groß und wenige Tage später kamen Nachfragen, ob diese handgefertigten Spezialitäten auch käuflich erworben werden könnten.

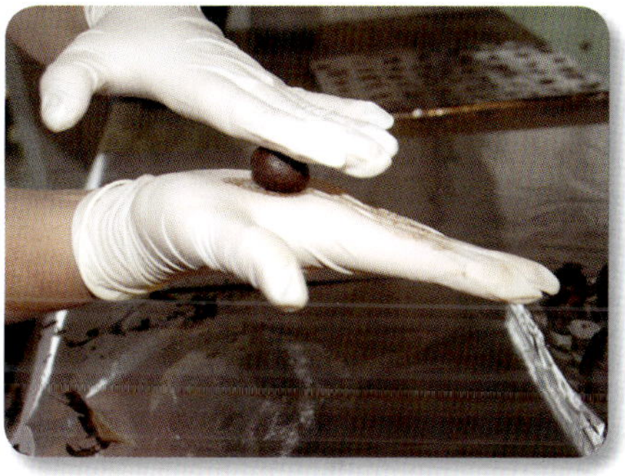

Hergestellt aus edler Schokolade und feinen Zutaten

Die Lamspringer September-Gesellschaft e.V. ermöglichte im folgenden Jahr den Verkauf der Trüffel bei den Veranstaltungen des Lamspringer Septembers und der erste Septembertrüffel wurde 2008 kreiert. Seitdem gibt es in jedem Jahr zum Lamspringer September eine neue Trüffelkreation.

Um die enge Verbindung zum Kloster Lamspringe zu unterstreichen, haben die Namen der Trüffelsorten, die alle ausschließlich nach eigenen Rezepturen hergestellt werden, einen Bezug zum Kloster. So haben zum Beispiel die »Nonnenhäubchen« eine Haube aus weißer Schokolade, die »Benediktiner« enthalten frische Minze und im »Klosterfeuer« brennt Chili in fruchtiger Kirsche. Das wachsende Angebot wissen nicht nur regionale Genießer zu schätzen. Die Trüffel werden inzwischen auch auf dem Postweg versandt.

Nach wie vor wird jeder einzelne Trüffel von Hand gerollt und in feinste belgische Schokolade getaucht. Mit saisonal wechselndem Sortiment werden das ganze Jahr über Trüffel hergestellt.

Trüffelmeister Stephan Knackstedt ist überzeugt: Der Genuss von Schokolade macht glücklich, aber auch die Verarbeitung, das Experimentieren und Komponieren neuer Geschmackserlebnisse.

Fastnachtsberliner

500 g Mehl	in eine Schüssel geben und warm stellen.
100 g Zucker	über das Mehl streuen.
100 g Butter	in einem Topf zerlassen und mit
125 ml Milch	aufgießen, so dass alles handwarm ist.
40 g (1 Würfel) Hefe	hineinbröckeln und darin auflösen.
2 EL Rum	und
2 Eier	hinzufügen und unterrühren. Nun alles mit der Mehlmischung verkneten und 30 bis 45 Minuten an einem warmen Ort gehen lassen (z.B. im Backofen bei 50 °C). Wenn der Teig die doppelte Größe erhalten hat, nochmal durchkneten und ein großes Rechteck ausrollen. Mit einem kleinen Glas die eine Hälfte mit Ringen markieren (nicht ausstechen). In die markierten Kreise mit zwei Teelöffeln
200 g Zwetschgenmus oder Johannisbeermarmelade	verteilen. Das übrige Rechteck darüberschlagen, mit einem in Mehl getauchten Glas die Ringe durchdrücken, dabei darauf achten, dass die Ballen rundherum geschlossen sind. Auf einem bemehlten Blech nochmals 30 Minuten gehen lassen.
1,5 kg gutes Frittierfett	in einem höheren Topf (oder in der Fritteuse) schmelzen, die Berliner in heißem Fett bei 180 °C ausbacken. Berliner mit einer Stricknadel herausheben und auf einem mit Küchenkrepp ausgelegten Sieb abtropfen lassen.
200 g Zucker oder Puderzucker	in eine Schale geben, die Berliner noch heiß darin wälzen. Aus den Teigresten daumenstarke, 6 cm lange Prilleken (Fastnachtsgebäck) formen und ohne Füllung ausbacken.

Die Berliner lassen sich auch gut einfrieren. Als Schabernack kann man den einen oder anderen Berliner mit Senf füllen.

Der Wiederaufbau des umgestülpten Zuckerhutes war 2010 abgeschlossen.

Haferkekse (ergibt 30 – 40 Stück)

200 g weiche Butter	
2 TL Vanillezucker	
200 g Zucker	und
1 Prise Salz	vermengen.
1 Ei	unterrühren.
250 g kernige Haferflocken	und
1 TL Backpulver	mit
150 g Mehl	mischen und unter den Teig rühren. Den Backofen auf 180 °C vorheizen. Aus dem Teig kleine Kugeln formen, leicht flachdrücken und auf ein mit Backpapier ausgelegtes Blech legen. Etwas Abstand zwischen den Keksen lassen, da sie noch aufgehen. 20 Minuten goldgelb backen.

> Zu den Haferflocken können Sie noch 70 g Schokoladensplitter geben. Um möglichst gleich große Plätzchen zu bekommen, zunächst eine Rolle formen und diese in gleich große Stücke schneiden, dann erst die Kugeln fertigen.

LandFrauen radeln um die Welt.

Der Rikus-Garten in Dingelbe

Von Marlis Leinemann

Rikus-Garten von Frau Leinemann

Marlis und Heinrich Leinemann beschäftigen sich mit Nutzpflanzen, die schon Karl der Große anbauen ließ. Der Garten bekam seinen Namen zur Ehre des Ururgroßvaters Rikus Leinemann (1800 bis 1887)

Nur noch selten findet man diese Gartengestaltung. Hinter der gartentypischen Mauer sieht man Beete, die mit Buchsbaum eingefasst sind. Der 900 Quadratmeter große Garten wird von zwei Wegen durchkreuzt, sodass vier Felder entstehen. Entlang der Wege sind die Beete mit roten Klinkersteinen umlegt, die verschiedene Ornamente bilden. Hier wachsen die unterschiedlichsten Kräuter und Stauden. Viele davon sind schon in Vergessenheit geraten. Marlis Leinemann lädt interessierte Besucher ein, diese Pflanzen und ihre Bedeutung in der heutigen Zeit in ihrem Garten neu zu entdecken.

Karl der Große, ein großer Staatsmann, der auch als Feinschmecker bekannt war, legte Wert auf eine abwechslungsreiche Küche. So erließ er schon 812 eine Verordnung, in der er festschrieb, welche Kräuter und Pflanzen auf seinen Krongütern angebaut werden sollten (Landgüterverordnung »Capitulare de villis et curtis imperialibus«). Er nannte 73 verschiedene Nutzpflanzen, darunter viele Kräuter. Nur die Kartoffel fehlte damals – man kannte sie zu der Zeit noch nicht. Einiges hat man nun nach 1200 Jahren wiederentdeckt.

Bei dem Garten von Frau Leinemann handelt es sich zwar nicht um einen kaiserlichen Kronengarten, jedoch haben viele Pflanzen aus der damaligen Zeit hier ihren Platz gefunden: Süßdolde, Malve, Meerzwiebel, Katzenminze und Kümmel. Die Blätter der Duftpelargonie riechen und schmecken nach Zitrone, Rose oder Minze und geben Süßspeisen eine feine Note.

Auch auf den Gemüsebeeten fehlt es nicht an Abwechslung. Neben Bohnen, Erbsen und Kohl gedeihen Pastinaken, Linsen, Kichererbsen, aber auch Pferdebohnen und Artischocken sowie der Pak Choi (Senfkohl).

Der Garten kann auf Anfrage oder am Tag der »offenen Gartenpforte« besichtigt werden.

Rosmarintaler

150 g Butter	in einem Topf auflösen,
3 Rosmarinzweige	dazugeben und 1 Minute kochen. Anschließend 1 Stunde abkühlen lassen, dann die Zweige aus dem Fett nehmen, die Butter soll wieder hart werden.
75 g Zucker	
75 g Rohrzucker	und
1 Msp. Salz	schaumig schlagen. Die abgeriebene Schale von
½ ungespritzte Zitrone	sowie
150 g Dinkelmehl (Type 630)	und die abgekühlte Rosmarinbutter unterkneten. Aus dem Teig eine dicke Rolle formen, 1 Stunde kühl stellen. Dann mit dem Messer 1 cm starke Taler abschneiden und auf ein mit Backpapier belegtes Blech legen. Bei 200 °C etwa 10 bis 15 Minuten backen.

Riesen-Insektenhotel als dekorative Wandverkleidung – hier finden viele Insekten ein Zimmer.

Bartnelken, eine wahre Pracht

Apfelkonfekt

1,5 kg Äpfel (z.B. Boskop)	schälen, entkernen, klein schneiden und zu Apfelmus kochen. Mit Hilfe eines Tuches gut auspressen. Das Apfelmus dann mit
1 kg Gelierzucker (1:1)	und dem ausgeschabten Mark von
1 Vanillestange	4 Minuten unter ständigem Rühren kochen. Die Masse auf ein mit Pergamentpapier ausgelegtes Backblech streichen und 2 Tage trocknen lassen. Das Konfekt danach in Rauten schneiden und in
Hagelzucker oder Kristallzucker (grob)	wälzen.

Sollte das Konfekt noch zu viel Feuchtigkeit aufweisen, noch länger an der Luft trocknen. Danach trocken lagern.

Tante Magdalenas Sauerrahmplätzchen

250 g Mehl	mit
190 g Butter	und
1 Pck. Vanillezucker	vermischen.
5 EL Sauerrahm	dazugeben und zu einem Teig kneten. Anschließend den Teig ausrollen und rautenförmige Plätzchen ausrädeln. Mit
1 Eigelb	bestreichen und mit etwas
Zucker	bestreuen. Bei 210 °C etwa 8 bis 10 Minuten backen.

In einer Dose aufbewahren.

Schloss Oelber, bekannt als Filmkulisse und von vielen Events

Julkuchen (ergibt 20 Doppelplätzchen)

250 g Butter	mit
125 g Zucker	
400 g Mehl	
1 TL Backpulver	
1 Eigelb	und
1 Prise Salz	zu einem Mürbeteig verkneten und daraus 4 Rollen (Ø etwa 4 cm) formen. Die Rollen in Klarsichtfolie wickeln und 1 Stunde in den Kühlschrank legen. Von den Teigrollen etwa 4 mm dünne Scheiben schneiden und auf ein mit Backpapier ausgelegtes Backblech legen.
1 Eiweiß	verquirlen und die Teigscheiben damit bestreichen.
100 g Zucker	mit
1 TL Zimt	vermischen und auf die Kekse streuen. Bei 200 °C etwa 8 bis10 Minuten backen.
5 EL Johannisbeergelee	erwärmen, die Hälfte der Kekse damit bestreichen und einen zweiten Keks daraufsetzen.

Der Christkindlmarkt auf Schloss Oelber ist über die Grenzen bekannt.

Wohldenberger Knusperle

100 g brauner Zucker	mit
150 g Mehl	
125 g gehackte Mandeln	
125 g Schokostreusel	
1 TL Backpulver	und
1 Prise Salz	mischen.
130 g zerlassene Butter	zufügen,
1 Ei	dazugeben und alles zu einem Teig verrühren. Ein Backblech mit Backpapier auslegen und mit einem Teelöffel walnussgroße Teighäufchen aufsetzen. Bei 200 °C etwa 15 bis 20 Minuten backen.

Zitronengeranien-Plätzchen

225 g Mehl	
1 Msp. Backpulver	
1 Msp. Salz	
150 g Butter	und
100 g Zucker	zu einem Mürbeteig verkneten, ausrollen und Plätzchen ausstechen. Auf ein mit Backpapier ausgelegtes Backblech legen und bei 160 °C etwa 10 Minuten backen. Nach dem Backen die Plätzchen sofort mit
1 TL gehackte Blätter der Duftgeranie (Pelargonien mit Zitronenduft)	belegen und etwas andrücken.

Duftgeranie – in vielen Gärten zu finden

LandFrauenkekse (Gebäck zu Weihnachten)

200 g Zartbitter-Kuvertüre	im Wasserbad schmelzen. Aus
250 g Butter	
6 Eigelb	
200 g Zucker	und
220 g gemahlene Walnüsse	einen Rührteig herstellen und die flüssige Kuvertüre unterrühren.
6 Eiweiß	steif schlagen.
100 g Mehl	durchsieben und mit
1 TL Zimt	
1 TL Nelkenpulver	und
½ TL gemahlener Kardamom	mischen. Mehlgemisch und Eischnee vorsichtig unter den Rührteig heben. Ein tiefes Backblech mit
10 g Butter	einfetten. Den Teig auf das Backblech streichen. Auf mittlerer Schiene bei 175 °C etwa 25 Minuten backen.

Guss

2 Eier	
3 EL Puderzucker	und
2 EL Backkakao	verrühren.
200 g Kokosfett	im Topf auflösen, etwas abkühlen lassen und zu den Eiern geben. Den Guss auf dem kalten Kuchen verteilen. Mit
Walnusskern-Hälften	dicht belegen. Den Guss fest werden lassen, dann mit einem warmen Messer in kleine Quadrate (4 x 4 cm) schneiden.

Kühl aufbewahren. Nur begrenzt haltbar.

Jedes Jahr im historischem Ambiente – der Christkindlmarkt auf Schloss Oelber, die Wohldenberger LandFrauen sind dabei. Für einen sozialen Zweck werden die beliebten Wohldenberger Knusperle verkauft. Kurzweilige Beschäftigung bieten die LandFrauen mit selbstegebackenen Lebkuchenherzen für Kinder an.

Brotchips

Reste von Brot oder Brötchen	in ½ cm dicke Scheiben schneiden.
3 – 4 EL Olivenöl	mit
1 TL Pizzagewürz	
½ TL Salz	verrühren. Die Brotscheiben dünn mit dem Öl einpinseln und in Stücke schneiden. Ein Backblech mit Backpapier auslegen, die kleinen Brotscheiben darauflegen. Im vorgeheizten Backofen bei 175 °C etwa 10 Minuten goldgelb backen.

Statt Gewürzöl kann man Pesto verwenden. Man kann die Brotscheiben auch erst nach dem Backen schneiden oder brechen.

Dinkelbrötchen (ergibt 30 Stück)

700 ml Wasser	in eine große Schüssel geben.
2 Würfel Hefe	
4 TL Meersalz	und
2 TL Honig	im Wasser auflösen.
1,2 kg Dinkel-Vollkornmehl	zugeben und 5 Minuten fest kneten, danach 5 Minuten ruhen lassen.
130 g geschmolzene Butter	zugeben und kneten. Brötchen formen und nach kurzer Gehzeit 20 Minuten bei 200 °C backen.

Ruck-zuck fertig – ohne lange Gehzeit.

Die Brote sind vorbereitet, gleich geht's ab in den alten Backofen.

Das alte Backhaus

Von Christine Abbetmeier

Backhaus im Besitz der Familie Abbetmeier in Sibbesse

Im Besitz der Familie Abbetmeier in Sibbesse befindet sich ein historisches Backhaus. Es ist etwa 160 Jahre alt und gehört zu einem Ensemble von denkmalgeschützten Gebäuden. Im Inneren des Backhauses steht der Holzbackofen, der im Original erhalten ist. Der Ofen wurde nie öffentlich, sondern nur für die eigene Familie genutzt. Über einen Zeitraum von etwa 65 Jahren war er nicht in Betrieb, bis er 2011 reaktiviert wurde. Seit dieser Zeit wird darin in unregelmäßigen Abstanden für den privaten Gebrauch Brot und Kuchen gebacken.

Aus den Erzählungen des Großvaters weiß die Familie, dass dort auch im Spätherbst/Winter ganze Schinken als Braten im Backofen gegart wurden. Er selbst sollte als Kind darauf aufpassen, ist aber von der wohligen Wärme des Ofens eingeschlafen und hat den schönen Braten verbruzzeln lassen. Zur Belohnung gab es »langen Hafer« (Ohrfeigen).

Anheizen im alten Backhaus in Sibbesse

Ein »Backtag« beginnt schon vier Tage vor dem eigentlichen Backen mit dem Ansetzen des Natursauerteiges aus Roggenmehl und Wasser. Hierbei durchläuft der Sauerteigansatz verschiedene Gärstufen. Am drittten Tag wird dieser Sauerteigansatz mit Roggenschrot und einem Teil des Mehls und Wasser verrührt. Diesen Teil nennt man dann Sauerteig. Er muss über Nacht gären, bis er am Backtag mit dem Rest Mehl, Schrot, Wasser, Gewürzen, Hefe und so weiter ... zum Brotteig verknetet wird.

Der eigentliche Backtag ist der vierte Tag. Dieser beginnt mit dem Anheizen des Ofens mit Buchenholz. Etwa vier Stunden und eine Schubkarre Buchenholz benötigt der Ofen, um auf Backtemperatur aufzuheizen. In der Zwischenzeit wird der Brotteig geknetet, die Brote werden geformt und in Backformen oder Gärkörbe gelegt, um dort zu gehen. Die Glut wird aus dem Ofen entfernt und die Brote eingeschossen. Je nach Größe der Brote werden sie eine Stunde bei einer Anfangstemperatur von 260 °C gebacken.

Der Geschmack des Brotes ist natürlich ein anderer als bei üblichen »Bäckerbroten«, auch Haltbarkeit und Frische des Brotes sind nicht vergleichbar.

Käsebrot

> Das Brot schmeckt sehr gut zu Gegrilltem.

400 g Mehl	in eine Schüssel sieben.
100 g Reibekäse (Gouda)	
370 ml Milch	
1 TL Salz	und
1 Pck. Backpulver	dazugeben. Alles gut verrühren und in eine gefettete Kastenform füllen.
100 g Reibekäse	obenauf streuen und im Backofen bei 200 °C etwa 40 bis 45 Minuten backen.

Partybrötchen

300 g Mehl	in eine Schüssel geben.
1 Pck. Backpulver	und
250 g Magerquark	
6 EL Öl	
8 EL Milch	
1 TL Salz	
50 g Röstzwiebeln	
100 g Schinkenwürfel	und
100 g Reibekäse	dazugeben. Alles mit den Knethaken des Handrührgeräts gut verkneten und daraus gleich große Brötchen formen. Bei 180 °C etwa 30 Minuten backen.

> Die Brötchen schmecken warm am besten. Den Teig teilen und die eine Hälfte mit Schinken, die andere Hälfte mit Käse vermengen. So können zwei Sorten angeboten werden.

Gerstenernte in Steinbrück

Bärlauchbrötchen

> Die Brötchen sind schnell hergestellt und sollten frisch verzehrt werden. Sie können beliebig belegt werden und schmecken halbwarm am besten.

250 g Mehl	mit
50 g körnige Haferflocken	
1¼ TL Backpulver	
1 TL Salz	
250 g Quark (20 % Fett)	
100 ml Milch	
1 – 2 EL Bärlauchblätter (fein gehackt)	sowie
4 EL Öl	zu einem Knetteig verarbeiten. Den Teig zu einer Rolle formen und Stücke davon abschneiden. Die Stücke zu Brötchen formen und auf ein mit Backpapier belegtes Blech legen. Kreuzweise einschneiden und etwa 15 bis 20 Minuten bei 190 bis 200 °C (Unter-/Oberhitze) backen. Nach dem Backen mit
1 Eigelb	bestreichen und mit
2 EL Haferflocken	bestreuen.

Bärlauch im Duinger Wald

Segensspruch

Erdbeersirup

Für 2 Flaschen à 700 ml

2 kg Erdbeeren	waschen, etwas zerdrücken und mit
500 ml Wasser	zum Kochen bringen. Den Saft des Fruchtbreis durch ein Safttuch ablaufen lassen. 1 l Saft abmessen, in einen Topf geben und mit
400 g Zucker	verrühren. Aufkochen, in saubere Flaschen füllen und verschließen.

Vorsicht: nicht zu heiß in die Glasflaschen füllen, damit diese nicht zerspringen. Wenn dickflüssiger Saft zu Pudding oder Quarkspeisen gewünscht ist, kann der Erdbeersaft mit der gleichen Menge Gelierzucker (1:1) 4 Minuten gekocht werden.

Kaffeelikör

Schmeckt schon nach 4 Wochen. Dunkel und kühl lagern.

700 ml Korn	
2 TL Pulverkaffee	
2 Stangen Vanille	
200 g brauner Krümelkandis	Alle Zutaten in eine saubere Flasche geben und oft schütteln.

Idyllischer Flussverlauf der Nette

Sitzgruppe einmal anders

Alkoholfreie Rosenblütenbowle

1 Handvoll stark duftende, ungespritzte Rosenblüten (z.B. Apotheker-Rose oder Rose de Resh)	und
1 Handvoll andere Blüten	bereitstellen.
1 l Apfelsaft	erwärmen und die Blütenblätter 6 bis 12 Stunden darin ziehen lassen. Danach durch ein Sieb geben. Mit etwas
Zitronensaft	abschmecken. Mit
750 ml Mineralwasser	auffüllen und gut gekühlt servieren. Den Glasrand mit Blüten dekorieren.

Die zweite Handvoll Blüten kann zum Beispiel aus Blüten von Kiwi, Zitronen, Brombeeren, Indianernessel, Anisysop, Lavendel, Dahlien, Katzenminze, Veilchen, Ringelblumen, Pfefferminze, Borretsch, Kapuzinerkresse, Labkraut oder Gänseblümchen bestehen.

LandFrauen präsentieren ihre »Ernte« auf dem Dreschfest in Lamspringe.

Eine blühende Oase – Rosen in Fülle

Kräuterlimonade Gärtnerglück

	Mehrere Zweige von
Blutampfer, Goldmelisse, Zitronenminze, Zitronenmelisse, Zitronenthymian, Zitronenverbene und Zitronenbohnenkraut	waschen und grob zerkleinern. Alle Kräuter in eine große Karaffe füllen und
1,5 l Apfelschorle	aufgießen. Etwa 2 Stunden ziehen lassen.

Gut gekühlt servieren. Auch mit Sekt aufgegossen schmeckt die Limonade sehr gut. Wenn Sie nicht alle Kräuter im Garten haben, geht es auch mit weniger Sorten. Nehmen Sie dann einfach von den vorhandenen Pflanzen einige Zweige mehr.

Löwenzahnsirup

Für etwa 10 Flaschen à 700 ml

80 Löwenzahnblüten	kurz in stehendem Wasser abspülen.
2 ungespritzte Zitronen	waschen und in Scheiben schneiden.
4 l Wasser	in ein großes Gefäß füllen. Blüten und Zitronenscheiben dazugeben und 24 Stunden ziehen lassen. Anschließend den Blütensaft durch ein Sieb, das mit einem feinen Tuch ausgelegt wurde, abgießen. Den Saft mit
3 kg Zucker	aufkochen und in saubere Flaschen füllen.

Zwei Esslöffel Sirup in ein Glas heißes Wasser geben – hilft gegen Erkältungen.

Ein Igel auf dem Weg zu seiner Abendmahlzeit

Pfefferminzsirup

Für 4 Flaschen à 500 ml

2 Tassen frische Pfefferminzblätter	mit
1 l Wasser	zu einem starken Tee aufbrühen und einige Stunden abgedeckt ziehen lassen.
1 kg Zucker	sowie den Saft von
1 ungespritzte Zitrone	in
250 ml kochendes Wasser	auflösen. Pfefferminzblätter abseihen, den Tee zur dickflüssigen Zuckerlösung gießen und noch einmal für einige Minuten aufkochen. Den fertigen Sirup heiß in saubere Flaschen (mit Schraubverschluss) füllen und diese sofort verschließen.

Einige Tropfen davon ins Mineralwasser und Sie überstehen spielend selbst den heißesten Sommertag. Gerne können die Pfefferminzblätter durch frische Waldmeisterblätter ausgetauscht werden.

Schmetterlinge auf Nektarsuche

Damhirsch mit einer neugierigen Ziege

Begriffserläuterungen

Abbacken / Ausbacken	Etwas in heißem Fett schwimmend backen.
Ablöschen	Das Angießen von scharf angebratenem oder geschmortem Fleisch oder Gemüse.
Abschmälzen	Mit flüssiger, leicht gebräunter Butter übergießen.
Abschmecken	Eine Speise mit den Grundgewürzen Salz, Pfeffer, Zucker usw. nach eigenem Geschmack würzen.
Andünsten / Anschwitzen	Ein Lebensmittel in heißem Fett leicht rösten, ohne es zu braten. Das Lebensmittel soll nur glasig werden, z.B. Zwiebeln.
Ausbraten / Auslassen	Den Speck so lange braten, bis das Fett herausgebraten ist.
Blanchieren	Zutaten in einen Topf mit kochendem Wasser geben und kurz köcheln lassen.
Garen / Köcheln	Eine Speise sollte nicht stark kochen. Die Hitzezufuhr muss so gedrosselt werden, dass nur ein leichtes Aufsteigen von Kochblasen zu sehen ist.
Gratinieren	Das Überbacken von Speisen.
Legieren	Ist das Binden und Verfeinern von Gerichten mit Eigelb. Das Ei oder Eigelb wird mit warmer Flüssigkeit vermischt und unter ständigem Rühren in die nicht mehr kochende Speise gegeben.
Karkasse	Aus dem Französischen: Carcasse für Gerippe. Karkasse nennt man das nach dem Tranchieren meist kleinerer Tiere zurückbleibende Knochengerüst samt eventuell anhaftender Fleischreste.
Marinieren	Ist das Einlegen von Lebensmitteln in eine gewürzte Flüssigkeit, um der Speise einen besonderen Geschmack und bessere Haltbarkeit zu verleihen.
Mehlschwitze	Traditionelles Bindemittel von Suppen und Soßen (Fett zerlassen und Mehl einrühren).
Parieren	Fleisch von Fett und Sehnen befreien.
Passieren	Flüssigkeiten durch ein Sieb oder Tuch geben.
Pürieren	Ein gares Lebensmittel wird stark zerkleinert. Früher war hierfür in vielen Haushalten die »Flotte Lotte« ein beliebtes Haushaltsgerät, z.B. um Apfelmus herzustellen.
Reduzieren	Flüssigkeit fast vollständig verkochen lassen (einkochen).
Stocken lassen	Das Garen von Eiern oder Eimasse, bei mäßiger Hitze im Topf oder Wasserbad, ohne dabei das Gargut umzurühren.
Wasserbad	Ist eine Methode, um Speisen indirekt mit Hitze zu versorgen. Dabei wird der Topf mit den Speisen in einen anderen Topf mit heißem Wasser auf den Herd gestellt.
Zerlassen	Butter oder Margarine in einer Pfanne oder einem Topf bei mäßiger Hitze schmelzen, aber nicht braun werden lassen.

Maße und Gewichte

1 gestr. EL Fett	15 g
1 gestr. EL Mehl	10 g
1 geh. EL Mehl	15 g
1 kleine Zwiebel	30 g
1 mittlere Zwiebel	50 g
1 große Zwiebel	70 g
1 kleine Kartoffel	70 g
1 mittlere Kartoffel	120 g
1 große Kartoffel	180 g
½ kg	500 g
1 kg	1000 g

1 Liter	1000 ml / 1000 ccm
¾ Liter	750 ml / 750 ccm
½ Liter	500 ml / 500 ccm
⅜ Liter	375 ml / 375 ccm
¼ Liter	250 ml / 250 ccm
⅛ Liter	125 ml / 125 ccm
1 TL	5 ml
1 EL	15 ml
1 Schnapsglas	20 ml / 2 cl
1 Tasse	150 ml

Abkürzungen

Msp.	Messerspitze
EL	Esslöffel
geh. EL	gehäufter Esslöffel
gestr. EL	gestrichener Esslöffel
TL	Teelöffel
geh. TL	gehäufter Teelöffel
gestr. TL	gestrichener Teelöffel
g	Gramm
kg	Kilogramm
ml	Milliliter
cl	Zentiliter
l	Liter
ccm	Kubikzentimeter
Pck.	Päckchen
°C	Grad Celsius
TK	Tiefkühlkost

Rezeptregister nach Kapiteln

Salate

Suppen und Eintöpfe

Aufläufe

Fleischgerichte

Fischgerichte

Kartoffel- und Gemüsegerichte, Beilagen

Regionale Spezialitäten

Fingerfood

Hits für Kids

Süßspeisen und Desserts

Backwerk

Getränke

Mehr als nur ein Kochbuch

Verführerische Rezepte, spannende Geschichten und traumhafte Bilder aus dem Land, »wo die Zitronen blüh'n«!

Obwohl dieses Buch mit zahlreichen verlockenden Rezepten aus den drei Anrainerregionen des Gardasees gespickt ist – es ist mehr als »nur« ein Kochbuch. Monika Kellermann erzählt Geschichten rund um die abwechslungsreiche Küche, die köstlichen Produkte und die vielfältigen Weine. Ihre Rezept-Favoriten hat die Autorin zu Hause nachgekocht und mit der Kamera appetitlich ins rechte Licht gesetzt. Sie stellt über 90 regionaltypische Gerichte vor und verrät ihre Lieblingstrattorien – abseits der ausgetretenen Touristenpfade. Ein ausführliches Adressregister befindet sich im Anhang.

Kochen, Küche & Kultur · »Gardasee« · Kulinarischen Geheimnissen auf der Spur
Monika Kellermann · 168 Seiten, gebunden · Format: 24 x 27,5 cm · ISBN 978-3-86037-586-0 · Preis 19,90 €

Bestellen Sie unter: Tel. (0 58 44) 971 16-0 | mail@limosa.de | www.limosa.de

Bildquellennachweis

Umschlag vorne: (gr) Hannelore Lemme, (v.l.) Lutz Engelhardt, Ortrud Michael, Pressestelle Bistum Hildesheim bph/ Ina Funk, Birgit Mund;
Umschlag hinten (v.l.): Ortrud Michael, Pressestelle-Fagus-Werk, Madeleine Drescher, Anne Staff;

Seite 3: (gr) Geobasisdaten © Stadt Hildesheim; 4: (kl) Anne Staff; 5: (kl) Anne Staff; 6: (Logo) Kreisverband der LF Hildesheim, (kl) Ortrud Michael; 7: (Logo) Deutscher LandFrauenverband , (gr) Hanni Heilmann; 8: Landrat Wegner, (kl) PR-Landkreis; 9: (gr) Pressestelle Bistum Hildesheim bph/Ina Funk, (kl) Pressestelle Bistum Hildesheim bph/Ina Funk; 10: (kl) Anne Staff; 11: (gr) Ortrud Michael; 12: (gr) Anne Staff, Marlies Leinemann; 13: (kl) Imke Hennies; 14: (gr) Hedda Beutner; 15: (von oben) Birgit Mund (2), Kathleen Fero; 16: (kl) Martin Ganzkow; 16/17: Martin Ganzkow; 17: (kl) Martin Ganzkow; 18: (gr) Siegfried Meyer; 19: (kl) Siegfried Meyer; 20: (gr) Birgit Mund, (kl) Dieter Hillebrecht; 21: (kl) Norbert Priebe; 22: (gr) Hannelore Lemme; 23: (gr) Ortrud Michael; 24: (gr) Anne Staff; 25: (gr) Ortrud Michael; 26: (kl) Hanni Heilmann; 27: (gr) Anne Staff, (kl) Hanni Heilmann; 28: (gr) Anne Staff, (kl) Ortrud Michael; 29: (kl) Marlies Leinemann; 30: (kl) Hanni Heilmann; 31: (gr) Madeleine Drescher, (kl) Marlies Leinemann; 32: (gr) Anne Staff, (kl) Anne Staff; 33: (kl) Daniela Osterwald; 34: (gr) Ortrud Michael, (kl) Ortrud Michael; 35: (alle) Madeleine Drescher; 36: (gr) Ortrud Michael, (kl) Ortrud Michael; 37: (gr) Madeleine Drescher, (kl) Madeleine Drescher; 38: (gr) Hannelore Lemme, (kl) Hannelore Lemme; 39: (kl) Hannelore Lemme; 40: (kl) Siegfried Meyer; 40/41: Anne Staff; 41: (kl) PR-Samtgemeinde Gronau (Leine); 42: (kl) Hedda Beutner; 43: (kl) Masterrind Verden; 44: (kl) Ingrid Esser; 45: (gr) Martin Ganzkow; 46: (kl) Hedda Beutner; 47: (kl) Hedda Beutner; 48: (kl) Ortrud Michael; 49: (kl) Madeleine Drescher; 50: (gr) Norbert Priebe; 51: (kl) Anne Staff; 52: (gr) Elenore Grefe, (kl) Jutta Warnecke; 53: (gr) Dr. Christian Sürie, (kl) Madeleine Drescher; 54: (gr) Hannelore Lemme; 55: (kl) Hannelore Lemme; 56: (gr) Jens Emmermann, (kl) Silke Faßmann; 57: (gr) Ortrud Michael, (kl) Marlies Leinemann; 58: (gr) Jens Emmermann; 59: (gr) Birgit Mund; 60: (beide) Jens Emmermann; 61: (von oben) Gerhard Haaken, Norbert Perner (2), (kl); 62: (kl) Madeleine Drescher; 63: (gr) Siegfried Meyer, Bad Salzdetfurth, (kl) Siegfried Meyer, Bad Salzdetfurth; 64: (kl) Marlies Leinemann; 65: (gr) Hanni Heilmann; 66: (gr) Ortrud Michael, (kl) Hanni Heilmann; 67: (gr) Dieter Hillebrecht, (kl) Dieter Hillebrecht; 68: (gr) Dieter Hillebrecht; 69: (kl) Dieter Hillebrecht; 70: (gr) Pressestelle-Samtgemeinde Gronau (Leine); 71: (gr) Ortrud Michael; 72: (gr) Claus Dieckow (Museumsbahn); 73: (kl) Claus Dieckow (Museumsbahn); 74: (gr) Anne Staff; 75: (kl) Anne Staff; 76: (kl) Dieter Hillebrecht; 77: (gr) Anne Staff; 78: (gr) Marlies Leinemann, (kl) Marlies Leinemann; 79: (gr) Heike Reßmeyer, (kl) Anne Staff; 80/81: Andreas Hartmann; 82: (kl) Ortrud Michael; 82/83: Ortrud Michael; 83: (kl) Ortrud Michael; 84: (kl) Hanni Heilmann; 85: (gr) Anne Staff, (kl) Hannelore Lemme; 86: (kl) Tita von Rössing; 87: (gr) Ortrud Michael, (kl) Peter Girschik; 88: (gr) Ortrud Michael; 89: (gr) Birgit Mund; 90: (kl) Lutz Engelhardt; 91: (gr) Pressestelle Bistum Hildesheim bph/Ina Funk; 92: (gr) Sabine Engelke; 93: (beide) Pressestelle-Fagus-Werk; 94: (gr) Madeleine Drescher; 95: (gr) Sabine Engelke; 96: (gr) Ortrud Michael, (kl) Lutz Engelhardt; 97: (gr) Hannelore Lemme, (kl) Ortrud Michael; 98: (gr) Lutz Engelhardt; 99: (gr) Hannelore Lemme; 100: (kl) PR Samtgemeinde Gronau; 101: (gr) Jens Emmermann; 102: (gr) Gerhard Schütte; 103: (kl) Lutz Engelhardt; 104: (kl) Fabian Sievers; 105: (gr) Fabian Sievers, (kl) Ortrud Michael; 106: (gr) Marlies Leinemann; 107: (kl) Marlies Leinemann; 108: (gr) Madeleine Drescher, (kl) Madeleine Drescher; 109: (gr) Madeleine Drescher, (kl) Madeleine Drescher; 110: (gr) Jens Emmermann; 111: (gr) Detlef Tolzmann; 112: (gr) Wilhelm Schöning; 113: (gr) Ortrud Michael; 114: (gr) Marlies Leinemann; 115: (gr) Axel C. Kronenberg; 117: (gr) Ortrud Michael, (kl) Ortrud Michael; 118: (kl) Hanni Heilmann; 118/119: (gr) Anne Staff; 119: (kl) Norbert Priebe; 120: (gr) Axel C. Kronenberg; 121: (kl) Axel C. Kronenberg; 122/123: Birgit Mund; 124: (kl) Anne Staff; 124/125: Dirk Reider; 125: (kl) Anne Staff; 126: (kl) Hannelore Lemme; 127: (gr) Marlies Leinemann; 128: (kl) Ortrud Michael; 128/129: Marlies Leinemann; 129: (kl) Marlies Leinemann; 130: (gr) Hanni Heilmann, (kl) Ortrud Michael; 131: (gr) Ortrud Michael, (kl) Ingrid Esser; 132: (kl) Sabine Engelke; 133: (kl) Hanni Heilmann; 134: (kl) Michelsenschule; 135: (gr) Karl-Wilhelm Sott, (kl) Michelsenschule; 136: (kl) Birgit Mund; 137: (gr) Gabriele Girschik, (kl) Birgit Mund; 138: (gr) Hannelore Lemme; 139: (kl) Elenore Grefe; 140: (Hintergrund) Gabriele Girschik, (gr) PR Marienburg, (kl) Hanni Heilmann; 141: (gr) Pressestelle-Marienburg, (kl) Ortrud Michael; 142: (gr) Ina Grabenkamp (Pressestelle Museum in der alten Lateinschule), (kl) Marianne Bode; 143: (kl) Norbert Priebe; 144: (kl) Ortrud Michael; 145: (gr) Heidrun Schaab; 146: (gr) Hans-Theo Wiechens, (kl) Anne Staff; 147: (gr) Ortrud Michael, (kl) Hannelore Lemme; 148/149: (alle) Stephan Knackstedt; 150: (kl) Peter Zotzmann; 151: (gr) Marlis Albe; 152: (gr) Marlies Leinemann; 153: (gr) Marlies Leinemann, (kl) Marlies Leinemann; 154: (kl) Oelber Event; 155: (gr) Oelber Event; 156: (gr) Marlies Leinemann; 157: (kl) Renate Meyer; 158: (kl) Christine Abbetmeier; 159: (alle) Christine Abbetmeier; 160: (kl) Anne Staff; 161: (gr) Dieter Hillebrecht, (kl) Ortrud Michael; 162: (gr) Dirk Reider, (kl) Siegfried Meyer; 163: (gr) Birgit Mund, (kl) Marlies Leinemann; 164: (kl) Anne Staff; 165: (gr) Dieter Hillebrecht, (kl) Dieter Hillebrecht;